MIT KOLPING
DURCH DAS JAHR

ALOIS SCHRÖDER

MIT KOLPING
DURCH DAS JAHR

52 Impulse

HERDER

FREIBURG · BASEL · WIEN

© Verlag Herder GmbH, Freiburg im Breisgau 2008
www.herder.de
Alle Rechte vorbehalten

Umschlagmotiv:
«Adolph Kolping», Grafik von Martin Grünewald
© Kolpingwerk Deutschland

Gesamtgestaltung:
Weiß-Freiburg GmbH – Graphik & Buchgestaltung

Herstellung:
fgb · freiburger graphische betriebe
www.fgb.de

Gedruckt auf umweltfreundlichem,
chlorfrei gebleichtem Papier
Printed in Germany
ISBN 978-3-451-30300-5

Vorwort

Ohne Adolph Kolping – kein Kolpingwerk! Das ist so wahr wie das Amen in der Kirche. Adolph Kolping steht am Anfang der mehr als 150-jährigen Geschichte, auf die das Kolpingwerk verweisen kann. Seine Ideen und Ideale, seine Ziele und Visionen sind auch heute noch aktuell und finden in über 60 Ländern der Erde ihre konkrete Umsetzung. Der Geist Adolph Kolpings spiegelt sich wieder im Leben und Handeln der Mitglieder und Verantwortlichen dieses großen katholischen Sozialverbandes.

Wo das nicht oder nur unzureichend geschieht, droht Verlust an Substanz und Identität, an Bedeutung und Aktualität. Das Kolpingwerk und die Kolpingsfamilien tun gut daran, sich immer wieder neu auf den Gründer, den seligen Adolph Kolping zu besinnen und sich an seinem Glaubens- und Lebensbeispiel zu orientieren. Denn: «Alles, was sich von seinem Ursprung wegbewegt, ist dem Untergang geweiht» (philosophisches Sprichwort).

Die Impulse und Meditationen dieses Buches wollen helfen, sich die Spiritualität und Lebensweisheit Adolph Kolpings zu Eigen zu machen. Sein besonderes Charisma war es, Glaube und Leben, Gottes- und Nächstenliebe, Liturgie und Diakonie als die beiden untrennbaren Seiten ein und derselben Medaille zu sehen und zu verwirklichen. Adolph

Kolping sagt: «Das Christentum ist nicht bloß für die Kirche und die Betkammern, sondern für das ganze Leben.»

Ich wünsche und hoffe, dass meine Texte ihr Ziel erreichen und eine geistig-geistliche Begleitung «Mit KOLPING durch das Jahr» für einzelne Mitglieder wie auch für die Kolpingsfamilien sind. Möge dadurch die Liebe zu Jesus Christus, die Freude an der Kirche und am Kolpingwerk und nicht zuletzt die Begeisterung für Adolph Kolping wachsen! Er sei allen als Seliger der Kirche ein leuchtendes Vorbild und ein gütiger Fürsprecher bei Gott!

Msgr. Alois Schröder
Bundespräses

Inhaltsverzeichnis

INHALT

MIT KOLPING
DURCH DAS JAHR

Nur mutig vorwärts!

«Nur mutig vorwärts, Gott wird für die Zukunft
sorgen! Wir Menschen machen uns viel zuviel Sorgen
um die Zukunft. Wir klagen über die Vergangenheit
und achten nicht genug der Gegenwart.»

Adolph Kolping

Nur mutig vorwärts! Das rechte Wort zur rechten Zeit, allemal zum Beginn eines neuen Jahres. Nach vorne geht unser Blick. Zukunft ist unsere Zeit. Das Neue, das noch Unbekannte zieht und lockt uns an. Auch lässt es uns erschrecken. «Nur mutig vorwärts!», ruft uns da Adolph Kolping zu. Er weiß, wovon er spricht. Das Neue hat er nie gescheut. Ganz im Gegenteil! So manch mutigen und ungewohnten Schritt hat er getan in seinem Leben und priesterlichen Wirken. Immer aber in der Überzeugung, nur so den Willen Gottes erfüllen zu können.

«Deus providebit» – Gott wird sorgen! Diese Worte Adolph Kolpings sind eingraviert an seinem Hochgrab in der Minoritenkirche zu Köln. Sie sind Ausdruck seines unerschütterlichen Vertrauens auf die Vorsehung Gottes, auf seinen Weg mit uns. Gott weiß um unser Heute und um unser Morgen. Er selbst ist unsere Zukunft! Auf ihn zu vertrauen, dazu lädt uns Adolph Kolping ein.

Jesus Christus ist der Immanuel – der Gott-mit-uns (Mt 1,23). Auf seine Zusage können wir uns verlassen: «Seid gewiss: Ich bin bei euch alle Tag bis zum Ende der Welt» (Mt 28,20). Jesus ist der Gott-mit-uns. Diese Aussage steht am Anfang und am Ende des Evangeliums nach Matthäus. Für uns ist sie wie ein Treueversprechen, auf das wir uns verlassen können. Jesus geht alle Wege mit uns, in guten und in schlechten Zeiten, alle Tage und Jahre unseres Lebens. Er ist für uns der Weg, die Wahrheit und das Leben (Joh 14,6)!

*B*ei Gott allein kommt meine Seele zur Ruhe,
von ihm kommt mir Hilfe.
Nur er ist mein Fels, meine Hilfe, meine Burg;
darum werde ich nicht wanken.
Vertrau ihm, Volk (Gottes) zu jeder Zeit!
Schüttet euer Herz vor ihm aus!
Denn Gott ist unsere Zuflucht.

Psalm 62,2f.9

Gebet

Von guten Mächten treu und still umgeben,
behütet und getröstet wunderbar,
so will ich diese Tage mit euch leben
und mit euch gehen in ein neues Jahr.

Von guten Mächten wunderbar geborgen,
erwarten wir getrost, was kommen mag.
Gott ist mit uns am Abend und am Morgen
und ganz gewiss an jedem neuen Tag.

Dietrich Bonhoeffer*

2. WOCHE

Dem Leben trauen

«Wer sich an Gott hält, den lässt er niemals fallen ...»

Adolph Kolping

«Dem Leben trauen, weil Gott es mit uns lebt!» Diese Worte schrieb der Jesuitenpater Alfred Delp mit gefesselten Händen kurz vor seiner Hinrichtung am 2. Februar 1945 im Gefängnis Berlin-Plötzensee. Er gehörte dem Kreisauer Kreis, einer Widerstandsgruppe gegen Adolf Hitler, an. Worte voller Vertrauen auf den Gott, der der Herr und Richter über Lebende und Tote ist. «Dem Leben trauen, weil Gott es mit uns lebt!» Wahrlich trostvolle und mutmachende Worte im Angesichte des Todes!

Adolph Kolping war wie Alfred Delp ein Mensch, der aus einem tiefen Glauben und Gottvertrauen gelebt hat. So konnte er seelische und körperliche Leiden, Enttäuschungen und Misserfolge annehmen und ertragen. Dabei vertraute er auf die Kraft des Gebetes: «Durchdrungen von der Überzeugung, dass buchstäblich kein Haar von unserem Haupte fällt ohne den Willen unseres Vaters im Himmel, glaube ich in einer vielleicht etwas eigenen Weise an die Kraft des Gebetes.»

«Warum habt ihr solche Angst? Habt ihr noch keinen Glauben?» (Mk 4,35–41). Diese Frage Jesu an seine Jünger im Boot ist auch an uns gerichtet. Wann immer das Boot unseres Lebens in Gefahr gerät und von Wind und Wellen hin und her geworfen wird, gilt es auf den zu vertrauen, der mit uns im Boot sitzt, Jesus Christus. Wann immer uns das Wasser bis zum Halse steigt und wir mit unserem Latein am Ende sind, sollten wir uns daran erinnern, dass Jesus die Macht hat, selbst Tod und Teufel den Garaus zu machen. Ja, trauen wir dem Leben, weil Gott es mit uns lebt von Anfang bis Ende!

Der Herr ist mein Hirte, nichts wird mir fehlen.
Er lässt mich lagern auf grünen Auen
und führt mich zum Ruheplatz am Wasser.
Er stillt mein Verlangen;
er leitet mich auf rechten Pfaden, treu seinem Namen.
Muss ich auch wandern in finsterer Schlucht,
ich fürchte kein Unheil;
denn du bist bei mir,
dein Stock und dein Stab geben mir Zuversicht.

Psalm 23,1–4

«Halte dich fest an Gott.
Mache es wie der Vogel, der nicht aufhört zu singen,
auch wenn der Ast bricht.
Denn er weiß, dass er Flügel hat.»

Johannes Bosco

Gebet

Ich weiß, dass du mein Vater bist,
in dessen Arm ich wohl geborgen.
Ich will nicht fragen, wie du führst,
ich will dir folgen ohne Sorgen.

Und gäbest du in meine Hand
mein Leben, das ich selbst es wende,
ich legt' mit kindlichem Vertrauen
es nur zurück in deine Hände.
Amen.

Jetzt ist die Zeit!

«Die Zeit an sich betrachtet, ist völlig wertlos;
sie erhält den Wert für uns erst durch unsere
Tätigkeit in ihr.»

Adolph Kolping

Die Zeit an sich betrachtet – das wäre lediglich die monotone Abfolge von Zeiteinheiten, der stete Wechsel von Sekunden und Minuten, von Stunden, Tagen und Wochen, Monaten und Jahren. Das wäre der stete Übergang von Zukunft in Vergangenheit. Und das im Augenblick der Gegenwart im Jetzt und Hier. Treffend sagt es Friedrich Schiller:
«Dreifach ist der Schritt der Zeit:
Zögernd kommt die Zukunft hergezogen,
pfeilschnell ist das Jetzt entflogen,
ewig still steht die Vergangenheit.»
Adolph Kolping wusste um den Wert der Zeit. Aufgrund schwieriger Lebensbedingungen und gesundheitlicher Beeinträchtigungen konnte er nur mit zeitlicher Verzögerung den ihm von Gott zugedachten Weg einschlagen. Zeitlebens musste er immer etwas aufholen, etwa die Chance zu höherer Bildung. Und mit welcher Unruhe und Leidenschaft widmete er sich dem Auf- und Ausbau des Katho-

lischen Gesellenvereins! Vielleicht ahnte er schon früh, dass ihm dazu nicht allzu viele Jahre bleiben sollten. Bereits am 9. Dezember 1863, also zwei Jahre vor seinem Tod, schrieb in einem Brief an seinen Freund Anton Gruscha in Wien:

«Gestern bin ich 50, sage und schreibe fünfzig Jahre alt geworden. Da ist kein Wunder, wenn der Humor sich allmählich zurückzieht und man anfängt, graue Haare zu kriegen. Wie lange wird's noch währen, bis der Feierabend kommt? Gott weiß es; aber so lange es noch Tag ist, in Gottes Namen weiter!»

Ja, die Zeit, unsere Zeit erhält ihren «Wert für uns erst durch unsere Tätigkeit in ihr». Immer wieder schenkt uns Gott den «Kairos», wie die Bibel den Augenblick, die günstige Gelegenheit, nennt, die wir in rechter Weise nutzen sollen. Da entscheidet sich, was uns zu unserem Heil oder auch Unheil gereicht. Der Weg zu unserem Heil und Glück führt über die Liebe zu Gott und zum Nächsten. Die Liebe ist es, die unsere Zeit und unser Leben so wertvoll macht und reif für die Ewigkeit. Die Liebe ist's, die bleibt, wenn sonst alles vergeht!

Alles hat seine Stunde. Für jedes Geschehen unter dem Himmel gibt es eine bestimmte Zeit:
eine Zeit zum Gebären und eine Zeit zum Sterben,
... eine Zeit zum Weinen, eine Zeit für die Klage und eine Zeit für den Tanz,

... eine Zeit zum Umarmen und eine Zeit, die
Umarmung zu lösen,
... eine Zeit zum Schweigen und eine Zeit zum Reden,
eine Zeit zum Lieben und eine Zeit zum Hassen ...
Alles, was Gott tut, geschieht in Ewigkeit.

Kohelet 3,1f.4f.7f

«Immer ist jetzt die beste Stunde.»

Paul Claudel

Lied

Jetzt ist die Zeit, jetzt ist die Stunde.
Heute wird getan oder auch vertan,
worauf es ankommt, wenn Er kommt.

Der Herr wird nicht fragen:
Was hast du gespart, was hast du alles besessen?
Seine Frage wird lauten:
Was hast du geschenkt, wen hast du geschätzt
um meinetwillen?

Der Herr wird nicht fragen:
Was hast du gesagt, was hast du alles versprochen?
Seine Frage wird lauten:
Was hast du getan, wen hast du geliebt
um meinetwillen?

Alois Albrecht*

3. WOCHE

4. WOCHE

Nimm dir Zeit!

«Die Zeit ist ein wichtiges Pfand in der Hand des
Menschen, ein ihm anvertrauter Schatz, dem
fruchtbaren Samenkorn vergleichbar, das der Mensch
ausstreuen und pflegen soll für Zeit und Ewigkeit.
Jede verlorene oder verdorbene Zeit ist im Grunde
genommen ein Frevel am kurzzeitlichen Dasein, am
wahren Glück, an der wirklichen und darum ewig
dauernden Glückseligkeit.»

Adolph Kolping

Nimm dir Zeit – zum Leben! Klage nicht, keine
oder nur wenig Zeit zu haben! Sie ist dir und mir
geschenkt wie ein Samenkorn, das fruchtbar werden will, wie Adolph Kolping sagt. Er wusste sehr
wohl um den Wert und die Kostbarkeit der Zeit. Sie
war für ihn wie ein von Gott anvertrauter Schatz. Er
vergrub ihn nicht in die Erde, um ihn vor Diebstahl
in Sicherheit zu bringen. Nein, er wucherte und
wirtschaftete mit der Zeit wie mit den Talenten, die
ihm Gott geschenkt hatte. Er setzte seine Zeit ein
im Dienst an den wandernden Handwerksgesellen.
Ihnen schenkte er seine Lebenszeit, seine Kraft und
seine Liebe, um sie auf dem Weg zur «Tüchtigkeit»
zu begleiten und zu befähigen. Darin sah er sei-

ne Lebensaufgabe. Darin ging er ganz auf, wie das Weizenkorn, das in die Erde gelegt wird und reiche Frucht bringt (vgl. Joh 12,24). Bereits mit 52 Jahren sollte sein Leben wie ein Samenkorn zu seiner eigentlichen und letzten Reife kommen.

Nehmen wir uns Zeit! Zeit für Menschen an unserer Seite; Zeit für Menschen in besonderen, in besonders schwierigen Situationen. Zeit für eine Aufgabe, die dem Gemeinwohl zugute kommt. Zeit für Gott, für die Erfahrung seiner Gegenwart und Nähe. Nicht zuletzt auch Zeit für uns selbst, zu unserem seelischen und leiblichen Wohlbefinden. Die Zeit, die wir mit Gott und mit Menschen teilen, macht uns reicher und nicht ärmer! Und sie wird zu einem unbezahlbaren Schatz, wenn wir sie in und aus Liebe verschenken. Deshalb: «Carpe diem – nutze den Tag!» (Horaz)

*L*asst uns nicht müde werden, das Gute zu tun;
denn wenn wir darin nicht nachlassen,
werden wir ernten, sobald die Zeit dafür gekommen ist.
Deshalb wollen wir, solange wir noch Zeit haben,
allen Menschen Gutes tun, besonders aber denen,
die mit uns im Glauben verbunden sind.

Galater 6,9f

Lied

Hilf, Herr meines Lebens,
dass ich nicht vergebens,
dass ich nicht vergebens
hier auf Erden bin.

Hilf, Herr meiner Stunden,
dass ich nicht gebunden,
dass ich nicht gebunden
an mich selber bin.

Hilf, Herr meiner Seele,
dass ich dort nicht fehle,
dass ich dort nicht fehle,
wo ich nötig bin.

Gustav Lohmann / Markus Jenny*

Freude, die von Herzen kommt!

«Soll der Wein fröhlich machen, muss man ein fröhliches Herz haben, bevor man ihn trinkt. Wer mit saurem Herz hinzugeht, den macht er in der Regel nur mürrischer.»

Adolph Kolping

Freude lässt sich nicht verordnen. Freude lässt sich auch nicht machen, auch nicht durch noch so humorvolle Stimmungskanonen oder Stimulanzen wie Alkohol und Wein in Fülle. Vielmehr ist es jene Grundstimmung, die von innen aus unserem Herzen kommt; die ihren tiefen Grund darin hat, dass wir mit uns selbst, mit anderen und auch mit Gott in Übereinstimmung leben; die letztlich in der Gewissheit gründet, dass wir von Gott bedingungslos bejaht und geliebt sind, und das trotz oder gar wegen unserer Schwächen und Fehler. Deshalb sind für uns Christen das närrische Helau oder Alaaf und das fromme Halleluja keine Gegensätze, sondern jeweiliger Ausdruck unserer Freude am Leben und am Glauben! «Glaube ist die Heiterkeit, die von Gott kommt» (Johannes XXIII.).

Adolph Kolping war kein Kind von Traurigkeit. Streng und ernsthaft in seiner Lebensführung und in der Verfolgung seiner Ziele, hat er nie den Sinn für die schönen Seiten des Lebens und für einen tiefgründigen Humor verloren. Wie gerne griff er als Student in München in einsamen und geselligen Stunden zur Pfeife. Bayrische Gastlichkeit und vor allem auch das bayrische Bier hatten es ihm angetan. Und sein Weinkeller konnte sich wahrlich sehen lassen! An freien Abenden schrieb er gerne persönliche Briefe bei einem Glas Wein und einer Zigarre. Wein war für ihn wie «Medizin aus dem Keller».

Wahrlich nicht auf Rosen gebettet, verstand er es, anderen die Quellen echter Lebensfreude zu erschließen. Der Glaube an Gott und an die Gemeinschaft mit anderen waren solche Quellen. Daraus erwuchs die Erfahrung, von Gott und von anderen angenommen und anerkannt zu sein. Deshalb waren geselliges Miteinander und fröhlicher Gesang fester Bestandteil im Leben des Gesellenvereins. Und der Wein durfte dabei sicherlich nicht fehlen. «Freude lässt sich nicht gebieten, nicht befehlen, nicht machen, Freude will geboren werden, das Herz will sie freiwillig ergreifen, also muss man das Herz auch gewähren lassen» (Adolph Kolping).

Dankt dem Vater mit Freude!
Er hat euch fähig gemacht, Anteil zu haben
am Los der Heiligen, die im Licht sind.
Er hat uns der Macht der Finsternis entrissen
und aufgenommen in das Reich seines geliebten Sohnes.
Durch ihn haben wir die Erlösung,
die Vergebung der Sünden.

Kolosser 1,12–14

«Der Teufel hat Angst vor fröhlichen Menschen.»

Johannes Bosco

Gebet

Guter Gott!
Du hast uns für die Freude geschaffen. Du willst,
dass wir glücklich werden und dass unser Leben
gelingt. Dazu hast du uns deinen Sohn gesandt.
Er hat uns die Frohe Botschaft von deiner Liebe
verkündet und in seinem Tod und in seiner
Auferstehung den Weg zur ewigen Freude geöffnet.
Lass uns aus dieser Gewissheit leben und zur Freude
anderer beitragen. So bitten wir durch Christus,
unseren Herrn. Amen.

Lachen steckt an

«Das Lachen aus heiterem Herzen ist mehr wert als
die längste und schärfste Predigt.»

Adolph Kolping

Ein Wort von Adolph Kolping, primär an die Adresse
der Priester und Prediger gerichtet. Mit Sicherheit
wird er sich dieses Wort wohl selbst zu Herzen genommen haben. Uns ist zwar kein Bild von einem
lachenden Adolph Kolping bekannt. Doch war er
keineswegs ein Kind von Traurigkeit, wenn ihm sicherlich nicht immer zum Lachen zumute war. Oft
genug hat er den Ernst und die Schattenseiten des
Lebens am eigenen Leibe erleben müssen. Denken
wir nur an seine gesundheitlichen Beschwerden, an
seine große Arbeitsbelastung und an die bitteren Erfahrungen von Einsamkeit und so mancher Enttäuschung.

«Das Lachen aus heiterem Herzen» wurzelte für
Adolph Kolping in dem Glauben, dass unser Leben
von Anfang bis Ende mit Gott zu tun hat. Uns, die
wir an Jesus und an seine Frohe Botschaft (Evangelium) glauben, steht ein befreites und ansteckendes
Lachen gut zu Gesicht! Das wird andere eher überzeugen und für Gott gewinnen als so manche Predigt

oder moralische Belehrung. Lachen als Ausdruck der Freude an Gott und am Leben, als Ausdruck unseres Erlöstseins mitten in einer Welt zwischen Hoffnung und Angst, zwischen Freude und Leid, zwischen Leben und Tod! Lachen als Ausdruck jener heiteren Gelassenheit, die aus dem Glauben kommt! Irgendwie hat er doch Recht, der Friedrich Nietzsche, wenn er sagt, wir Christen müssten erlöster aussehen, damit er an unseren Erlöser glauben könnte. Und auch Martin Luther hat Recht, wenn er sagt: «Die Freude ist der Doktorhut des Glaubens.»

Seid fröhlich in der Hoffnung,
geduldig in der Bedrängnis,
beharrlich im Gebet!…
Freut euch mit den Fröhlichen
und weint mit den Weinenden!
Römer 12,12.15

«Wer einen Menschen wieder zum Lachen bringt, der schließt ihm das Himmelreich auf.»

Jürgen Moltmann

6. WOCHE

Gebet

Du Gott des Lebens!
Du hast Jesus, deinen Sohn, aus den Fesseln des
Todes befreit und ihn zum neuen Leben auferstehen
lassen. Du wirst auch uns ewiges Leben schenken.
Lass durch diese Zuversicht unser Leben froher und
heller werden. Lass uns erlöste Menschen sein. So
bitten wir dich durch deinen Sohn, unseren Bruder
und Herrn. Amen.

Fromm und fröhlich sein

«Das ist die Freude, die rechte Fröhlichkeit, die aus
dem frischen, fröhlichen Glauben hervorgeht, das
unser Herrgott im Himmel die Welt regiert.»

Adolph Kolping

Fröhlichkeit und Frömmigkeit schließen einander
nicht aus. Vielmehr sind sie als Zwillinge geboren.
Und doch wollen sie nicht so recht zusammenkom-
men. Echte Frömmigkeit aber hat ihren Ursprung in
der Freude an Gott; an einem Gott, der Schöpfer und
Freund allen Lebens ist, der in Jesus von Nazaret die
Welt von allem Bösen befreit hat und sie am Ende
der Tage vollenden wird. Eine solche Frömmigkeit
strahlt Freude aus und will den Glauben mitten im
Leben zum Strahlen bringen, ihm im Gebet und
Gottesdienst wie auch in Werken der Liebe und im
Dienst an der Welt Ausdruck verleihen.

Adolph Kolping bringt es auf den Punkt, wenn
er die Freude unmittelbar mit dem Glauben an Gott
in Beziehung setzt. In diesem Gott haben wir unsere Herkunft und unsere Zukunft. Er hat uns bei
unserem Namen gerufen und uns in seine Hand
geschrieben (Jes 49,16). Ihm liegt unser Wohl und
Wehe am Herzen. Wir, die wir an den Gott der Bi-

bel, an den Vater Jesu Christi glauben, wir sind zur Freude geboren! Erinnern wir uns, dass Jesus sein erstes Zeichen (Wunder) auf der Hochzeit zu Kana gewirkt hat! So kamen die Menschen zum Glauben an ihn. Und auch wir können immer noch aus den übervollen Weinkrügen Kraft und Freude schöpfen.

*F*reut euch im Herrn zu jeder Zeit!
   Noch einmal sage ich: Freut euch!
Eure Güte werde allen Menschen bekannt.
Der Herr ist nahe. Sorgt euch um nichts,
sondern bringt in jeder Lage betend und flehend
eure Bitten mit Dank vor Gott!

Philipper 4,4–6

«Freude ist die erspürte Gegenwart Gottes.»

Ladislaus Boros

Lied

Unser Leben sei ein Fest,
Jesu Geist in unserer Mitte,
Jesu Geist in unseren Händen,
Jesu Geist in unseren Werken.
Unser Leben sei ein Fest
an diesem Abend (Morgen) und jeden Tag.

Unser Leben sei ein Fest,
Jesu Hand auf unserem Leben,
Jesu Licht auf unseren Wegen,
Jesu Wort als Quell unserer Freude.

Erste Strophe: Josef Metternich Team*

Zum Glück anderer beitragen

«Froh und glücklich machen, trösten und erfreuen ist im Grunde das Glücklichste und Beste, was der Mensch auf dieser Welt ausrichten kann.»

Adolph Kolping

Froh und glücklich machen …! Das ist eigentlich jedes Menschen und allemal des Christen Pflicht. Es muss deshalb überraschen, dass Adolph Kolping solches Tun mit Superlativen belegt, es als das Glücklichste und Beste bezeichnet, was wir Menschen tun können. Kann es sein, dass es daran mangelt, für andere Anlass und Grund zur Freude zu sein? Notorische Schwarzseher, die ständig den Teufel an die Wand malen, werden niemand aus dem Tal der Tränen befreien und in das Land des Lächelns führen können. Nur positiv denkende Menschen, die einen klaren Blick für die Realität haben, für ihre Sonnen- und auch Schattenseiten, werden anderen helfen können, aus Trauer und Trübsal, aus Leid und Not zur Lebensfreude zu finden. Sie werden echten Trost spenden und nicht lediglich auf bessere Zeiten vertrösten.

Nicht die ärmlichen Verhältnisse, in denen Adolph Kolping als Kind aufgewachsen war, haben ihn bedrückt. Es waren vielmehr die schrecklichen Erfahrungen, die er als Handwerksgeselle machen musste und die ihn veranlassten, die Werkbank mit der Schulbank auszutauschen. «Unter dieser Volkshefe konnte ich nicht sitzen bleiben...», schreibt er angesichts der vielfach ungebildeten, menschlich und moralisch verwahrlosten Mitgesellen.

Um ihre Lebens- und Zukunftsaussichten zu verbessern, sieht er als Priester seine besondere Aufgabe darin, die jungen Menschen im Gesellenverein zusammenzuführen und zu tüchtigen Menschen heranzubilden. Das ist für Adolph Kolping ein entscheidender Weg zum menschlichem Glück! «Glücklich aber wird der Mensch, wenn er zufrieden mit der Stellung, die ihm Gott gegeben, gerade mit Ehren und Treuen den Platz ausfüllt, den die Vorsehung ihm zugewiesen, wenn er sich eifrig bestrebt, tüchtig das zu sein und zu werden, was er sein und werden soll.»

Gepriesen sei der Gott und Vater Jesu Christi,
unseres Herrn,
der Vater des Erbarmens und der Gott allen Trostes.
Er tröstet uns in all unserer Not,
damit auch wir die Kraft haben,
alle zu trösten, die in Not sind, durch den Trost,
mit dem auch wir getröstet werden.

2 Korinther 1,3f

8. WOCHE

«Lass nicht zu, dass du jemandem begegnest, der nicht nach der Begegnung mit dir glücklicher ist!»

Mutter Teresa

Gebet

Herr, mein Gott, ich habe zu dir geschrien,
und du hast mich geheilt.

Herr, du hast mich herausgeholt
aus dem Reich des Todes,
aus der Schar der Todgeweihten
mich zum Leben gerufen ...

Da hast du mein Klagen in Tanzen verwandelt,
hast mir das Trauergewand ausgezogen
und mich mit Freude umgürtet.

Darum singt dir mein Herz
und will nicht verstummen.
Herr, mein Gott, ich will dir danken in Ewigkeit.

Psalm 30,3f.12f

Versöhne dich!

«Der getaufte, mit Gott versöhnte Christ ist aufrecht auf die Füße gestellt, und nun heißt es für ihn: Laufe deinen Weg! Sind ihm die Arme und Hände freigemacht, nun heißt es: Schaffe dein Werk!»

Adolph Kolping

Aufrecht stehen und aufrecht gehen, das steht uns Christen gut an! In der Taufe sind wir mit Christus vom Tod zu einem neuen Leben erstanden, auferstanden. Sein Sühnetod am Kreuz hat uns versöhnt mit Gott, untereinander und mit uns selbst. Wir dürfen vor Gott aufrecht stehen, weil Jesus für uns das Kreuz geschultert und uns so von der Last der Sünde und der Schuld befreit hat. Seine Ohnmacht unter der Schwere des Kreuzes auf dem Weg nach Golgota hat uns für immer erspart, wegen unseres Versagens vor Gott in die Knie gehen zu müssen. Wenn wir es dennoch und freiwillig tun, ist es ein Zeichen unserer Demut und tiefen Dankbarkeit gegenüber der in Jesus gekreuzigten Liebe Gottes.

Adolph Kolping fordert uns auf, als versöhnte Menschen unseren Weg zu gehen. Das kann nur der Weg in der Nachfolge Jesu sein. Von den Fesseln des Bösen befreit, sollen wir am Werk der Versöhnung und des Friedens in unserer Welt mitarbeiten. Das Werk fortsetzen, das Jesus Christus mit seinem Leben und Sterben begonnen hat. «Denn Gott wollte mit seiner ganzen Fülle in ihm wohnen, um durch ihn alles zu versöhnen. Alles im Himmel und auf Erden wollte er zu Christus führen, der Friede gestiftet hat am Kreuz durch sein Blut» (Kol 1,19f).

Adolph Kolping war ein solcher Christ, versöhnt mit Gott, im Dienst an der Versöhnung der Menschen untereinander. Er hat den jungen Gesellen geholfen, versöhnt mit sich selbst zu sein und aufrecht zu gehen!

Wenn also jemand in Christus ist,
dann ist er eine neue Schöpfung.
Das Alte ist vergangen, Neues ist geworden.
Aber das alles kommt von Gott,
der uns durch Christus mit sich versöhnt
und uns den Dienst der Versöhnung aufgetragen hat …
Wir sind also Gesandte an Christi Statt,
und Gott ist es, der durch uns mahnt.
Wir bitten an Christi Statt:
Lasst euch mit Gott versöhnen!

2 Korinther 5,17f.20

Gebet

Barmherziger Gott!
Du hast uns mit dir versöhnt, indem dein Sohn
unsere Schuld gesühnt hat. Schenke uns die
Bereitschaft, dass wir einander vergeben, wenn wir
aneinander schuldig geworden sind. Lass uns bei
allen Unterschieden und Gegensätzen als
verträgliche und versöhnte Menschen miteinander
leben. So bitten wir durch Christus, unseren Herrn.
Amen.

Seid barmherzig!

«Wir sind alle vor Gott viel zu große Bettler und strecken unsere Hände ja täglich aus nach dem gütigen Geber alles Guten, haben ihn so oft und so viel nötig, dass es erlaubt sein muss, in seinem Namen, wenn auch mit einigem Ungestüm, menschliche Barmherzigkeit anzurufen und mit dem Anklopfen an der Herzenstür bis ins Gewissen hineinzugreifen.»

Adolph Kolping

Bettler sein vor Gott, das ist wahrlich keine Schande! Vielmehr ist es das ehrliche Eingeständnis, dass wir uns in allem Gott verdanken. Und wenn es um Schuld und Vergebung, um Leid und Tod geht, dann ist Gottes Liebe und Barmherzigkeit der einzige Ausweg aus dem Dilemma unseres irdischen Daseins.

Adolph Kolping wusste um seine Stärken, aber auch um seine Grenzen und Schwächen. Die Rede vom «schlechten Möbel im Haushalt Gottes» hat er sicherlich auch auf sich selbst bezogen. So streng und gründlich er auch war, im Umgang mit anderen zeigte er Milde und Geduld. In jedem Menschen sah er das Abbild Gottes.

«Auch im schlechtesten, verworfensten Menschen lebt noch das Ebenbild Gottes!» Welch' wunderbare Aussage!

Als Kirche Jesu und als Christen sollten wir besonders daran zu erkennen sein, dass wir bei allem Sinn für «Gesetz und Ordnung» mitfühlend und barmherzig sind. Denn: «Die Tugend ist nicht christlich, die nicht barmherzig zu sein weiß», so Adolph Kolping. In Jesus fand auch er den gnädigen und barmherzigen Gott. Und auch uns gilt Jesu Wort, nicht nur den selbstgerechten Schriftgelehrten von damals: «Darum lernt, was es heißt: Barmherzigkeit will ich, nicht Opfer. Denn ich bin gekommen, um die Sünder zu rufen, nicht die Gerechten.» (Mt 9,13)

Das «Evangelium im Evangelium» (hl. Augustinus) erzählt uns im Gleichnis von Gott als dem barmherzigen Vater (Lk 15,11–32): «Ich (der verlorene Sohn) will aufbrechen und zu meinem Vater gehen. … Der Vater sah ihn schon von weitem kommen, und er hatte Mitleid mit ihm. Er lief dem Sohn entgegen, fiel ihm um den Hals und küsste ihn … Und sie begannen, ein fröhliches Fest zu feiern.»

*E*uch, die ihr mir zuhört, sage ich:
Liebt eure Feinde; tut denen Gutes, die euch hassen …
Was ihr von anderen erwartet, das tut ebenso auch ihnen.
Wenn ihr nur die liebt, die euch lieben,
welchen Dank erwartet ihr dafür?
Auch die Sünder, lieben die, von denen sie geliebt werden.
Und wenn ihr nur denen Gutes tut, die euch Gutes tun,
welchen Dank erwartet ihr dafür?
Das tun auch die Sünder …
Seid barmherzig, wie es auch euer Vater ist!

Lukas 6,27.31–33.36

«Barmherzig sein heißt: Die Tür öffnen, bevor der
andere angeklopft hat.»

Schmidt-König

Lied

Sag ja zu mir, wenn alles nein sagt,
weil ich so vieles falsch gemacht.
Wenn Menschen nicht verzeihen können,
nimm du mich an trotz aller Schuld.

Drum ist mein Leben nicht vergeblich,
es kann für andre Hilfe sein.
Ich darf mich meines Lebens freuen
und andren Grund zur Freude sein.

Diethard Zils*

Nicht den Stab brechen

«Wir selbst sind fehlerhafte Menschen und haben
mit fehlerhaften Menschen zu tun; wir verdienen
Barmherzigkeit, wenn wir Barmherzigkeit üben.»

Adolph Kolping

Eher als gedacht, brechen wir den Stab über andere.
Mal sind wir die Täter und mal sind wir die Opfer. Das Urteil ist schnell gesprochen. Und immer
bleiben Menschen auf der Strecke und sind dem
«Tod» überliefert. Wie im germanischen Rechtswe-
sen wird der Stab zum Hoheitszeichen des Richters.
Bei der Verkündigung des Todesurteils wurde der
Stab über dem Kopf des Übeltäters zerbrochen und
ihm vor die Füße geworfen. Damit war das Urteil
gefällt. Seine Vollstreckung war nur eine Frage der
Zeit.

Über einen Menschen den Stab brechen heißt,
ihn für tot erklären, ihn menschlich und moralisch
erledigen, ihm das Recht auf Schutz seiner Person-
würde und auf ein Leben in der Gemeinschaft der
Kirche und Gesellschaft absprechen. Unter Christen sollte sich niemand anmaßen, das endzeitliche
Weltgericht vorweg zu nehmen. Der heilige Paulus
mahnt uns: «Richtet also nicht vor der Zeit; wartet,

bis der Herr kommt, der das im Dunkeln Verborgene ans Licht bringen und die Absichten der Herzen aufdecken wird. Dann wird jeder sein Lob von Gott erhalten» (1 Kor 4,5).

*J*esus *mahnt uns in seiner Bergpredigt: «Richtet nicht, damit ihr nicht gerichtet werdet! Denn wie ihr richtet, so werdet ihr gerichtet werden, und nach dem Maß, mit dem ihr messt und zuteilt, wird euch zugeteilt werden. Warum siehst du den Splitter im Auge deines Bruders, aber den Balken in deinem eigenen Augen bemerkst du nicht.»*

Matthäus 7,1–3

«Gott hat mit dem irrenden Menschen doch ein unendliches Erbarmen, nur schlägt er oft wunderbare, geheimnisvolle Wege ein, um den Menschen zur rechten Besinnung zu führen.
Also, weil Gott so barmherzig ist, sollen wir es auch an Barmherzigkeit nicht fehlen lassen.»

Adolph Kolping

«Mit Adleraugen sehen wir die Fehler anderer; mit Maulwurfsaugen unsere eigenen.»

Franz von Sales

Gebet

Barmherziger Gott!
Du nimmst die Sünde ernst und mahnst uns zur
Umkehr. Weil du mit uns Sündern Erbarmen hast,
ermöglichst du uns einen neuen Anfang. Dafür
danken wir dir. Lass uns einander vergeben, wie du
uns vergibst. Darum bitten wir durch Christus,
unseren Herrn. Amen.

12. WOCHE

Im Schatten des Kreuzes stehen

«Was die Erde nicht bieten kann, das findet der Christ unter dem Kreuze.»

Adolph Kolping

Vergeblich – trotz aller Versuche! Nein, es will einfach nicht gelingen, unsere eigenen Schatten los zu werden. Sie verfolgen uns auf Schritt und Tritt, die Schatten der Vergangenheit. Von Jugendsünden, von Fehltritten sprechen wir, von falschen Entscheidungen und Weichenstellungen, von angeborenen Neigungen und Veranlagungen. Über den eigenen Schatten springen können, das wäre die Lösung. Und andere in den Schatten stellen wollen, das würde nicht vom eigenen Schatten befreien.

Adolph Kolping weist uns den Weg zu einer Lösung des Schatten-Problems, wenn er sagt: «Was die Erde nicht bieten kann, das findet der Christ unter dem Kreuze.» Ja, das Kreuz, besser noch: der Gekreuzigte selbst ist es, der uns von der Schuld und den Schatten unseres Lebens befreien kann. Die Schatten des Versagens und der Vergangenheit sollen uns nicht für immer verfolgen und bedrücken.

Denn durch Jesu Sterben ist das Kreuz für uns zum Baum des Lebens geworden. In seinem Schatten können wir all' unsere dunklen und bedrückenden Schattenseiten verlieren oder leichter tragen. Eine Geschichte erzählt:

«Ein Mann wollte seinen Schatten loswerden, aber, was er auch anstellte, es gelang ihm nicht: Er wälzte sich auf dem Boden, sprang ins Wasser, versuchte, über den Schatten hinweg zu springen. All das vergeblich.

Ein weiser Mann, der diese Geschichte hörte, meinte dazu: «Das wäre doch ganz einfach gewesen, den Schatten loszuwerden!» – «Wieso einfach?», fragten die Umstehenden neugierig, «was hätte er denn machen sollen?» Und der weise Mann gab zur Antwort: «Er hätte sich nur in den Schatten eines Baumes zu stellen brauchen.»

*D*enn das Wort vom Kreuz ist denen, die verlorengehen, Torheit; uns aber, die gerettet werden, ist es Gottes Kraft. ... Die Juden fordern Zeichen, die Griechen suchen Weisheit. Wir dagegen verkündigen Christus als den Gekreuzigten: für Juden ein empörendes Ärgernis, für Heiden eine Torheit, für die Berufenen aber, Juden wie Griechen, Christus, Gottes Kraft und Gottes Weisheit.

1 Korinther 1,18.22–24

Gebet

Heilig Kreuz, du Baum der Treue,
edler Baum, dem keiner gleich,
keiner so an Laub und Blüte,
keiner so an Früchten reich:
Süßes Holz, so süße Nägel,
welche süße Last an euch.

Beuge, hoher Baum, die Zweige,
werde weich an Stamm und Ast,
denn dein hartes Holz muss tragen
eine königliche Last,
gib den Gliedern deines Schöpfers
an dem Stamme linde Rast.

Aus dem Stundengebet der Karwoche

Stark durch Leiden

«Mir sind die Leiden im Leben noch immer mehr
wert gewesen als alles bloß äußere Glück, als aller
Ruhm usw. Sie haben mich weicher gesotten und
mich Mitleid gelehrt und darum: Gott sei Dank auch
für die Leiden.»

Adolph Kolping

Adolph Kolping weiß, wovon er redet. Es spricht für
seine menschliche Reife und seinen tiefen Glauben,
wenn er Gott auch für seine Leiden dankt. Er kannte sich aus in körperlichen Gebrechen wie Bluthusten und Rheuma, in seelischen Leiden, Einsamkeit
und Enttäuschung. Er musste in seinen eigenen Reihen gegen Widerstand und Unverständnis kämpfen.
Und die Arbeit wurde ihm bisweilen zum Kreuz.
Aber er blieb seiner Berufung und Sendung treu.
Denn: «Vertrauend der Gnade des Herrn, der durch
Schwache die Taten seiner Herrlichkeit ausführt,
gehen wir mutig in den Weinberg des Herrn, in seinem Namen unser Tagewerk beginnend», schrieb
Adolph Kolping als Theologiestudent zwei Jahre vor
seiner Priesterweihe (13.4.1845).

Leiden gehören zum Leben. Sind sie nur Schicksal und notwendiges Übel oder auch eine Chance?

Ja, auch eine Chance, das Leben in seinem eigentlichen Sinn zu erfassen; dankbar zu sein für das Gute an jedem neuen Tag; gerüstet für das Schwere, das es anzunehmen gilt; mitfühlend für das Leiden anderer zu werden. Adolph Kolping rät uns: «Das Leben erhält erst Sinn und Bedeutung, Ruhe und Versöhnung, wenn wir mit religiösem Sinn den Wert und die Bedeutung der Leiden zu schätzen wissen.» Ob auch wir in der Annahme von Leiden einen Weg der Nachfolge Jesu sehen; einen Weg, unseren Glauben, unser Christsein zu bekennen?

Er rief die Volksmenge und seine Jünger zu sich und sagte: Wer mein Jünger sein will, der verleugne sich selbst, nehme sein Kreuz auf sich und folge mir nach. Denn wer sein Leben retten will, wird es verlieren; wer aber sein Leben um meinetwillen und um des Evangeliums willen verliert, wird es retten.

Markus 8,34f

«Auf allen Wegen christlichen Lebens liegt der Schatten des Kreuzes, aber auch das Licht der Ostersonne.»

Frère Roger, Taizé

Lied

«Mir nach», spricht Christus, unser Held,
«Mir nach, ihr Christen alle!
Verleugnet euch, verlasst die Welt,
folgt meinem Ruf und Schalle;
nehmt euer Kreuz und Ungemach
auf euch, folgt meinem Wandel nach.»

So lasst uns denn dem lieben Herrn
mit unserm Kreuz nachgehen
und wohlgemut, getrost und gern
in allen Leiden stehen.
Wer nicht gekämpft, trägt auch die Kron
des ewigen Lebens nicht davon.

Angelus Silesius

14. WOCHE

Als neue Menschen leben

«Die Auferstehung des Herrn hat die Menschen
umgewandelt und dem irdischen Leben eine neue
Richtung und Bedeutung gegeben.»

Adolph Kolping

Der Glaube an die Auferstehung Jesu ist der springende Punkt in unserem Leben als Christen. Hier geht es um den Kern der biblischen Botschaft und der kirchlichen Verkündigung. Mit allem Nachdruck betont der heilige Paulus gegenüber den Widersachern des Auferstehungsglaubens: «Wenn es keine Auferstehung der Toten gibt, ist auch Christus nicht auferweckt worden. Ist aber Christus nicht auferweckt worden, dann ist unsere Verkündigung leer und euer Glaube sinnlos» (1 Kor 15,13f).

Im Geschehen der Taufe wurde uns Anteil am Tod und an der Auferstehung Jesu geschenkt. Wir wurden «eingetaucht» in seine Wirklichkeit. «Wisst ihr denn nicht, dass wir alle, die wir auf Christus Jesus getauft wurden, auf seinen Tod getauft wurden? Wir wurden mit ihm begraben durch die Taufe auf den Tod; und wie Christus durch die Herrlichkeit des Vaters von den Toten auferweckt wurde, so sollen auch wir als neue Menschen leben» (Röm 6,3f).

Als neue Menschen leben heißt, davon überzeugt sein, dass die Macht des Todes ein für allemal gebrochen ist; dass das Gute stärker ist als das Böse; dass die Liebe den Hass überwindet. Wir Christen leben aus der Hoffnung, dass nicht Tod und Teufel in unserer Welt und in unserem Leben das letzte Wort haben, sondern allein Gott in seiner Liebe und Barmherzigkeit. Damit sein Plan aufgeht, braucht es den entschiedenen Einsatz aller für eine Kultur des Lebens und der Liebe, das heißt vor allem auch für den Schutz des Lebens und die Bewahrung der Schöpfung.

Adolph Kolping lebte und wirkte aus dem Glauben an den auferstandenen Herrn. So bewältigte er die toten Punkte in seinem eigenen Leben und war zur Stelle, um anderen zu helfen und Mut zu machen, Probleme und Ausweglosigkeiten anzugehen und zu lösen. Das tat er aus der Überzeugung, dass der Auferstehungsglaube Kraft und Hoffnung schenkt im Einsatz für eine bessere Welt. Denn:

«Die Zeit ist, bei Licht besehen, immer gleich gut und gleich schlecht am Ende vom Jahre wie am Anfange desselben, nur die besseren Menschen machen die Zeiten besser, und bessere Menschen macht nur das treu geübte Christentum» (Adolph Kolping).

Wir wissen, dass wir aus dem Tod in das Leben hinübergegangen sind, weil wir die Brüder lieben. Wer nicht liebt, bleibt im Tod.

1 Johannes 3,14

«Das Osterhalleluja ist das Lied der Kreuz-geborenen Freude.»

Joseph Ratzinger

Lied

Wir sind getauft auf Christi Tod
und auferweckt mit ihm zu Gott.
Uns ist geschenkt sein Heilger Geist,
ein Leben, das kein Tod entreißt.

Wir schauen auf zu Jesus Christ,
zu ihm, der unsere Hoffnung ist.
Wir sind die Glieder, er das Haupt;
erlöst ist, wer an Christus glaubt.

Friedrich Dörr*

Was uns hoffen lässt

«Die Sehnsucht nach einer besseren Zukunft liegt zu
tief in der Menschenbrust, ... als dass es möglich
wäre, so leicht die auf die Zukunft gebauten
Hoffnungen einzureißen, jenes eingewurzelte
Verlangen in düstere Verzweiflung zu verkehren.»

Adolph Kolping

«Wir aber hatten gehofft...» (Lk 24,21). So klagten die beiden Jünger, die enttäuscht nach Emmaus zurückkehrten, woher sie voller Erwartungen und Hoffnungen aufgebrochen waren. Sie kehrten Jerusalem, der Stadt ihrer Träume, den Rücken. Denn dort mussten sie ihre Hoffnungen zu Grabe tragen. Auf Jesus, den Sohn Davids, der Israel erlösen sollte, hatten sie voll gesetzt. Nun hatte man ihn wie einen Verbrecher ans Kreuz geschlagen.

Die Geschichte der Emmausjünger ist unsere eigene Glaubens- und Lebensgeschichte. Auch wir müssen immer wieder Hoffnungen und Sehnsüchte zu Grabe tragen. Auch wir kennen die toten Punkte unseres Lebens. Da ist es gut, dass wir wie der namenlose Jünger einen Freund, einen Vertrauten namens Kleopas, an unserer Seite haben, mit dem wir unser Leid teilen, gemeinsame Trauerarbeit leisten können. Im Austausch, im Gespräch wie eine Klagemauer füreinander sein, gemeinsam durch das Dunkel der Fragen und der Zweifel gehen, das kann der Beginn eines neuen österlichen Aufbruchs sein. Auch uns können die Augen aufgehen für den in unserer Mitte, der mit uns durch Dick und Dünn geht, Jesus, der auferstandene Herr (vgl. Lk 24,31). Wenn wir den Kelch des Leidens teilen und das Brot des Lebens miteinander brechen, wird sein Versprechen wahr: «Wo zwei oder drei in meinem Namen versammelt sind, da bin ich mitten unter ihnen» (Mt 18,20).

Adolph Kolping war wie der Jünger Kleopas. Er hat sich den jungen Leuten zugesellt, um ihnen Begleiter und Helfer in ihrer vielfachen Not und Ausweglosigkeit zu sein. Aus seinem Glauben an den Gott des Lebens hat er neue Hoffnung begründet. Durch Hilfe zur Selbsthilfe hat er Menschen befähigt, an sich selbst und an die Kraft zu glauben, die im Zusammenschluss mit anderen steckt. So werden auch sie die Hoffnung neu entdeckt haben, die uns der Glaube schenkt.

*D*er Gott der Hoffnung aber erfülle euch mit aller Freude und mit allem Frieden im Glauben, damit ihr reich werdet an Hoffnung in der Kraft des Heiligen Geistes.

Römer 15,13

«Hoffen heißt, an das Abenteuer der Liebe glauben,
Vertrauen zu den Menschen haben,
den Sprung ins Ungewisse tun
und sich ganz Gott überlassen.»

Dom Helder Camara

Lied

Kleines Senfkorn Hoffnung, mir umsonst geschenkt:
werde ich dich pflanzen, dass du weiter wächst,
dass du wirst zum Baume, der uns Schatten wirft,
Früchte trägt für alle, alle, die in Ängsten sind.

Kleiner Funke Hoffnung, mir umsonst geschenkt:
werde ich dich nähren, dass du überspringst,
dass du wirst zur Flamme, die uns leuchten kann.
Feuer schlägt in allen, allen, die im Finstern sind.

*Alois Albrecht**

Von Gott berufen

«Wohin Gott den Menschen stellt, dort ist sein Beruf, dort gedeiht er am besten, dort soll er seine Kräfte entfalten...»

Adolph Kolping

Davon war Adolph Kolping fest überzeugt, dass Gott mit jedem Menschen etwas Besonderes vorhat. Auf keinen Menschen will er verzichten, um seinen großen Plan zu verwirklichen: die Vollendung der Welt in Liebe, Gerechtigkeit und Frieden. Jeder Mensch soll an seinem Platz und auf seine Weise dazu seinen Beitrag leisten. Indem er das im Sinne Gottes tut, sich mit Kopf, Herz und Hand einbringt, wird er sich selbst verwirklichen. Er wird immer mehr zu dem werden, was er sein und werden soll: Abbild Gottes. Darin besteht sein Wesen, seine Berufung und sein Ziel! Ein Dauerauftrag, eine Lebensaufgabe ist das! So sagt es der schlesische Dichter Angelus Silesius: «Vor jedem steht ein Bild des', was er werden soll. Solang er das nicht ist, ist nicht sein Friede voll!»

Adolph Kolping erkannte schon sehr früh, dass sein Beruf und seine Berufung nicht im Schuhmacherhandwerk lagen. Er spürte immer deutlicher, dass ihn Gott an einer anderen Stelle haben wollte. So folgte er dem Ruf Jesu, den er 1842 als Theologiestudent in München in die Worte fasste: «Ich will mit der Gnade Gottes zur Vollkommenheit streben, denn auch mir hat der Erlöser gesagt: Tu sequere me! (Du folge mir nach!).» Adolph Kolping fand seine menschliche Bestimmung und Erfüllung im priesterlichen Dienst an den jungen Handwerksgesellen. Was er mit persönlicher Überzeugung sagen konnte, möge für jeden/jede von uns gelten: «Gott stellt jeden dahin, wo er ihn braucht!»

*A*ls Jesus am See von Galiläa entlangging, sah er zwei Brüder, Simon, genannt Petrus, und seinen Bruder Andreas; sie warfen gerade ihr Netz in den See, denn sie waren Fischer. Da sagte er zu ihnen: Kommt her, folgt mir nach! Ich werde euch zu Menschenfischern machen. Sofort ließen sie ihre Netze liegen und folgten ihm.

Matthäus 4,18–20

«Christus will keine Bewunderer, sondern Nachfolger.»

Søren Kierkegaard

Lied

Christus, der Herr, hat mich erwählt,
ihm soll ich fortan leben.
Ihm will ich dienen in der Welt
und Zeugnis für ihn geben.
So leb ich nicht mehr mir allein,
sein Freund und Jünger darf ich sein.
Ich trage seinen Namen;
sein bleib ich ewig. Amen.

Friedrich Dörr*

Christ sein mit Kopf, Herz und Hand

«Unser Wahlspruch aber ist Beten und Lernen und
Arbeiten, alles mit Ernst und doch mit Fröhlichkeit.»

Adolph Kolping

Diese Worte stammen aus einer Predigt, die Adolph
Kolping aus Anlass des 1. Stiftungsfestes des Katholischen Jünglingsvereins am 27. August 1847 in der
Pfarrkirche St. Laurentius zu Elberfeld im Tal der
Wupper gehalten hat. Damit hat er dem Katholischen
Gesellenverein / der heutigen Kolpingsfamilie etwas
ins Stammbuch geschrieben, was für das Selbstver-
ständnis und den Auftrag jeder Gemeinschaft und
Einrichtung unverzichtbar ist, die seinen Namen
trägt. An der Trias von Beten, Lernen und Arbeiten
soll man das unverwechselbare Profil des nationalen
und internationalen Kolpingwerkes erkennen können. Und der Zusatz «... alles mit Ernst und doch
mit Fröhlichkeit» ist ebenfalls typisch KOLPING!

Beten und Lernen und Arbeiten – das soll nicht
nur für Kolpingmitglieder Maßstab und Orientierung
sein, sondern für jeden Menschen in Jesu Nachfolge.
Ein «tüchtiger Christ» zu werden, benennt Adolph

Kolping als Ziel des Weges, den wir mit unserer Taufe begonnen haben. Mit Jesus gehen, heißt ihm immer ähnlicher werden; ein zweiter Christus werden, wie es der heilige Paulus sagt. Dabei ist das *Beten* Ausdruck von Glaube und Gottvertrauen. Das *Lernen* steht für das lebenslange Bemühen, ein Mensch zu sein und zu bleiben, der darum weiß, worauf es im Leben und im Glauben ankommt. Das *Arbeiten* meint schließlich die konkrete Umsetzung von Glaube und Wissen in praktisches Handeln, in Liebe und Solidarität. Und das alles mit dem notwendigen Ernst wie auch mit christlicher Gelassenheit und Fröhlichkeit! Ja, Christ sein mit Kopf, Herz und Hand – das ist Auftrag und Ziel unseres Lebens in der Nachfolge Jesu!

S ie hielten an der Lehre der Apostel fest und an der Gemeinschaft, am Brechen des Brotes und an den Gebeten. Alle wurden von Furcht ergriffen; denn durch die Apostel geschahen viele Wunder und Zeichen. Und alle, die gläubig geworden waren, bildeten eine Gemeinschaft und hatten alles gemeinsam. Sie verkauften Hab und Gut und gaben davon allen, jedem so viel, wie er nötig hatte. Tag für Tag verharrten sie einmütig im Tempel, brachen in ihren Häuser das Brot und hielten miteinander Mahl in Freude und Einfalt des Herzens. Sie lobten Gott und waren beim ganzen Volk beliebt.

Apostelgeschichte 2,42–47a

«Das große Unglück dieser Welt, der große Jammer dieser Zeit ist nicht, dass es Gottlose gibt, sondern dass wir so mittelmäßige Christen sind.»

Georges Bernanos

Gebet

Herr Jesus Christus!
Du hast uns dazu beauftragt, Sauerteig in der Welt zu sein. In der Kraft deines Geistes sollen wir unser Leben aus dem Glauben gestalten. Und dieser Glaube soll Hand und Fuß bekommen in unserem Beten und Handeln, in der Liebe zu Gott und zu unserem Nächsten. Lass uns glaubwürdige Zeugen deiner Liebe sein alle Tage unseres Lebens bis in Ewigkeit. Amen.

Mit Mut und Gott-vertrauen – ans Werk!

«Wer Gutes unternimmt mit Vertrauen auf Gott, hat doppelten Mut, der Mut wächst nämlich immer mit dem Herzen, und das Herz wächst mit jeder guten Tat.»

Adolph Kolping

Das ist eine gekonnte Schrittfolge, die uns Adolph Kolping mit seinem Wort aufzeigt. Er hat selbst daraus gelebt. Fest und unerschütterlich war sein Vertrauen auf Gott. Deshalb hat er manches an Gutem gewagt und getan. Denn mit Gott wusste er sich auf der Seite des Stärkeren. Mit Herz und Verstand fädelte er neue Wege in der kirchlichen Seelsorge ein und sollte damit Erfolg haben. Durch sein soziales Engagement gab er dem Glauben ein Gesicht. Er wurde greifbar in der Liebe, in mancher guten Tat. Adolph Kolping – ein Mensch mit einem großen und weiten Herzen für Gott und für andere! Und so konnte er die Herzen der jungen Handwerksgesellen auch für Gott gewinnen.

«Tun wir nach besten Kräften das Beste und Gott wird das Gute nie ohne Segen lassen!» Eingedenk der eigenen Grenzen und Schwächen hat Adolph

Kolping fest auf die Hilfe und Vorsehung Gottes vertraut. Er war davon überzeugt, wenn wir etwas Gutes unternehmen mit Vertrauen auf Gott, wird nichts ganz und gar vergeblich sein, auch wenn der große, erwartete Erfolg ausbleibt. Denn Gott schaut auf unser Herz und auf unseren guten Willen. Schließlich wird er auch auf krummen Zeilen gerade schreiben.

Haben wir ein solches Vertrauen auf Gott? Hat er nicht eine große Schwäche gerade auch für Schwache, wie uns der Blick auf seine Jünger erkennen lässt? Der sprunghafte und mutige Petrus, der doch in entscheidenden Momenten so schwach und zögerlich war, er hat sich auf das Wort Jesu eingelassen, gegen alle Vernunft am hellen Tag zum Fischfang auszufahren. Er sollte ein großes Wunder erleben (Lk 5,1–11) und wurde Menschenfischer.

Seid also standhaft: Gürtet euch mit Wahrheit, zieht als Panzer die Gerechtigkeit an und als Schuhe die Bereitschaft, für das Evangelium vom Frieden zu kämpfen. Vor allem greift zum Schild des Glaubens! Mit ihm könnt ihr alle feurigen Geschosse des Bösen auslöschen. Nehmt den Helm des Heils und das Schwert des Geistes, das ist das Wort Gottes. Hört nicht auf, zu beten und zu flehen ...

Epheser 6,14–18

«Anfangen, wirklich anfangen, das ist die Hauptsache; andern Mut gemacht, selbst tapfer voraufgegangen, und Gott wird helfen.»

Adolph Kolping

Lied

Herr, gib uns Mut zum Hören
auf das, was du uns sagst.
Wir danken dir, dass du es mit uns wagst.

Herr, gib uns Mut zum Leben,
auch wenn es uns bedrückt.
Wir danken dir: du hast den Tod besiegt.

Herr, gib uns Mut zum Dienen,
dort, wo es nötig ist.
Wir danken dir, weil du ja bei uns bist.

Herr, gib uns Mut zum Glauben,
an dich, den einen Herrn.
Wir danken dir; denn du bist uns nicht fern.

Kurt Rommel*

Mit Maria Jesus nachfolgen

«Beten wir nur recht fleißig, dann wird schon das Rechte geschehen. Die liebe Muttergottes hilft ...»

Adolph Kolping

Wonnemonat, so wird er genannt, der Mai. Und das mit Recht. Es zieht uns hinaus in die Natur, um uns an ihr satt zu sehen, um uns an Seele und Leib zu erfreuen und zu beglücken. Nicht von ungefähr hat die Kirche diesen Monat der «Rosa mystica», Maria, der geheimnisvollen Rose, gewidmet und geweiht. Als Maienkönigin wird sie verehrt. Überall auf der Welt machen sich Menschen auf den Weg zu Kapellen, Kirchen und Wallfahrtsorten, die der Gottesmutter geweiht sind. Sie stimmen freudig ein in den millionenfachen Chor, der sich zu ihrem Lob erhebt. In Freude und Dankbarkeit schauen sie auf zu Maria, der Mutter Jesu, und suchen bei ihr Hilfe als Fürsprecherin am Throne Gottes.

Auch Adolph Kolping war ein großer Marienverehrer. Während seiner Zeit als Geselle und später als Schüler des Marzellengymnasiums in Köln hatte er immer wieder vor der «Schwarzen Mutter Gottes» in der Kupfergasse gebetet und bei Maria Kraft in schwierigen Zeiten und Klarheit für seinen weiteren Weg gesucht. Er hat in ihr eine gütige Mutter und liebe Schwester gefunden. Die Worte der Mutter Jesu, die sie auf der Hochzeit zu Kana zu den Dienern gesagt hat, hat er beherzigt: «Was er (Jesus) euch sagt, das tut» (Joh 2,5)! Adolph Kolping vernahm den Ruf Jesu und folgte ihm als Priester konsequent nach.

So versteht sich Maria. Sie verweist über sich hinaus auf Jesus. Als «Magd des Herrn» hat sie ihm gedient und ist ihm in Treue unter das Kreuz gefolgt. Die einzigartige Erwählung, Mutter Gottes zu werden, ist ihr nicht zu Kopf gestiegen. Vielmehr weiß sie darum, dass sie sich mit ihrer ganzen Existenz allein Gott und seiner Zuneigung verdankt. «Denn auf die Niedrigkeit seiner Magd hat er geschaut. Siehe, von nun an preisen mich selig alle Geschlechter. Denn der Mächtige hat Großes an mir getan, und sein Name ist heilig» (Lk 1,48f).

Als Christen jedweder Konfession tun wir gut daran, Maria als die Mutter Jesu zu verehren und von ihr zu lernen, an der Seite Jesu zu stehen, in guten und in schlechten Zeiten, und so den Sinn unseres Lebens zu entdecken in der Liebe zu Gott und zum Nächsten!

*A*m dritten Tag fand in Kana in Galiäa eine
Hochzeit statt, und die Mutter Jesu war dabei.
*Auch Jesus und seine Jünger waren zur Hochzeit
eingeladen. Als der Wein ausging, sagte die Mutter Jesu
zu ihm: Sie haben keinen Wein mehr. Jesus erwiderte
ihr: Was willst du von mir, Frau? Meine Stunde ist
noch nicht gekommen. Seine Mutter sagte zu den
Dienern: Was er euch sagt, das tut!... So tat Jesus sein
erstes Zeichen, in Kana in Galiäa, und offenbarte seine
Herrlichkeit, und seine Jünger glaubten an ihn.*

Johannes 2,1–3.11

«Die menschliche Sprache hat ein Wort, den Inbegriff
aller zärtlichen, innigen, teilnehmenden,
hingebenden Gefühle ... dieses Wort heißt Mutter.»

Adolph Kolping

19. WOCHE

Gebet

Maria, du Auserwählte Gottes
und du Schwester der Menschen,
bitte für uns.
Du von den Menschen Verehrte.
Du Schwester aller, die an Christus glauben.
Du Schwester aller, die sein Wort bewahren.
Du Schwester aller, die ihn verlieren.
Du Schwester, die ihn suchen.
Du Schwester aller, die tun, was er ihnen sagt.
Du Schwester aller, die dem unbegreiflichen Gott
    dienen.
Du Schwester aller, die unter dem Kreuz aushalten.
Du Schwester aller, die sich dem Willen des Vaters
    öffnen.
Du Schwester aller, die mit Christus sterben.
Du Schwester aller, die mit Christus auferstehen.

Heilige Maria, Mutter Gottes, bitte für uns Sünder,
jetzt und in der Stunde unseres Todes. Amen.

Sich begeistern lassen

«Damit die Menschen als Christen das Gesetz Gottes erfüllen können, damit auch sie als Christen wie Christus einst glorreich auferstehen, ist der Heilige Geist gesandt worden am Pfingstfeste ...»

Adolph Kolping

Wir können Adolph Kolping mit Fug und Recht als einen Charismatiker bezeichnen, als einen besonders geist-begabten Menschen. Da der Heilige Geist als unsichtbare Wirklichkeit nach Ausdruck und nach Verleiblichung sucht, braucht er Menschen, die sich von ihm erfüllen lassen, damit sie Frucht bringen können, wie einst in besonderer Weise Maria, die Mutter Jesu. Wes Geistes Kind jemand ist, erkennt man an seinen Früchten (vgl. Mt 7,16).

Adolph Kolping brachte reiche Frucht hervor. Er hat sich von den Eingebungen des Heiligen Geistes leiten lassen und ist Wege gegangen, die neu und ungewohnt waren. Dazu hat ihn der Geist Gottes ermutigt und gestärkt. Denken wir an die angsterfüllten Apostel zu Jerusalem, die «aus dem Häuschen» waren, als der Geist auf sie herabkam! Sie zeigten Flagge für Christus und verbrannten sich den Mund des Evangeliums wegen.

Auch in unserer Zeit braucht es Menschen, die sich für Jesus und seine Sache begeistern lassen! Adolph Kolping war ein solcher Mensch, der mit Liebe und Leidenschaft für Gott und für andere Feuer und Flamme war. Es erfüllte ihn eine heilige Unruhe. Sein Glaubens- und Lebensbeispiel nimmt uns heute in Pflicht. Sein Werk, das in seiner langen Geschichte viele Höhen und Tiefen erlebt und überlebt hat, ist letztlich dem Wehen und Wirken des Heiligen Geistes zu verdanken und all denen, die sich wie Adolph Kolping von diesem Geist haben ergreifen lassen. Der Geist Adolph Kolpings, von dem wir gerne reden, ist die konkrete Ausformung jenes Geistes, den Jesus als lebenspendende Kraft am Kreuz ausgehaucht hat in unsere Welt (vgl. Joh 19,30)!

Als der Pfingsttag gekommen war, befanden sich alle am gleichen Ort. Da kam plötzlich vom Himmel her ein Brausen, wie wenn ein heftiger Sturm daherfährt, und erfüllte das ganze Haus, in dem sie waren.
Und es erschienen ihnen Zungen wie von Feuer, die sich verteilten; auf jeden von ihnen ließ sich eine nieder.
Alle wurden mit dem Heiligen Geist erfüllt ...

Apostelgeschichte 2,1–4

Lied

Einer hat uns angesteckt mit der Flamme der Liebe.
Einer hat uns aufgeweckt, und das Feuer brennt hell.
Wer sich selbst verliert, wird das Leben finden,
wer die Freiheit spürt, kann sich selber binden.
Wer betroffen ist, wird das Wort neu sagen,
wer sich selbst vergisst, kann auch Lasten tragen.

*Eckart Bücken**

Den Glauben öffentlich machen!

«Hier wird es also darauf ankommen, das Christentum dem Geiste und der Praxis nach ins wirkliche gesellschaftliche Leben hineinzutragen. Denn das ist gewiss, heutzutage ist es mehr wie je wahrlich nicht genug, dass man auf der Kanzel das Christentum theoretisch predigt, die Kinder im Katechismus unterrichtet usw.»

Adolph Kolping

Kirche muss auf Sendung sein! Das wusste Adolph Kolping. Deshalb mahnte er die Kirche seiner Zeit, jede Form von Gettoverhalten und sozialer Abstinenz zu überwinden. Die Kirche darf sich nicht in die heiligen Hallen religiöser und frommer Innerlichkeit zurückziehen, sondern muss ihrem Weltauftrag gerecht werden. In der Nachfolge Jesu ist sie zum missionarischen und sozialen Engagement verpflichtet. Sie soll Salz der Erde, Sauerteig und Licht der Welt sein.

Dem Auftrag Jesu getreu, in alle Welt hinauszugehen, hat Adolph Kolping neue Wege des Apostolats beschritten. Durch sein Wirken als Publizist und Volksschriftsteller hat er den Glauben und die christlichen Wertvorstellungen außerhalb der Kirchenmauern verbreitet und verkündet. Das war ein ganz neuer Weg der kirchlichen Pastoral. Wir würden heute von einer zeitgemäßen Inkulturation des Glaubens sprechen. In der Herausgabe des jährlichen «Volkskalenders» und der «Rheinischen Volksblätter» sah Adolph Kolping eine Art Kanzel und Katheder in der Öffentlichkeit, eine Art Predigt- und Lehrstuhl für das Volk. Welche Wege gehen wir heute, um mit der Botschaft und dem Beispiel Jesu möglichst nahe bei den Menschen zu sein?

*D*ann sagte er (Jesus) zu ihnen: Geht hinaus in die ganze Welt, und verkündet das Evangelium allen Geschöpfen! ... Nachdem Jesus, der Herr, dies zu ihnen gesagt hatte, wurde er in den Himmel aufgenommen und setzte sich zur Rechten Gottes. Sie aber zogen aus und predigten überall. Der Herr stand ihnen bei und bekräftigte die Verkündigung durch die Zeichen, die er geschehen ließ.

Markus 16,15.19f

«Ich meine ... das öffentliche Leben hätte nie nötiger gehabt, auf die Predigt des göttlichen Evangeliums zu hören als in unseren Tagen.»

Adolph Kolping

21. WOCHE

Gebet

Guter Gott!
Du suchst Menschen, die von dir sprechen und der
Welt deine gute Botschaft weitersagen. Hilf uns,
Trägheit und Menschenfurcht zu überwinden und
deine Zeugen zu werden – mit unserem ganzen
Leben. Darum bitten wir durch Christus, unseren
Herrn. Amen.

Eine Kirche der Menschen sein

«Die katholische Kirche ist im ausgezeichneten Sinne eine Familie, wer sie mit dem tiefsinnigen Namen nennt und recht weiß, was das Wort ‹Familie› bedeutet, hat sie am richtigsten genannt.»

Adolph Kolping

Adolph Kolping hat seine Kirche schätzen und lieben gelernt. Das religiöse Leben in seiner Familie und im ländlichen Milieu seines Heimatortes Kerpen haben positiv zu dieser Erfahrung beigetragen. Für ihn war die Kirche wie eine Familie. Und so soll sie auch sein, weil sich darin ihr Wesen aussagt. Kirche ist primär Gemeinschaft mit Christus und der Christen untereinander. Sie ist die Gemeinschaft der Getauften, der Kinder Gottes, der Schwestern und Brüder Jesu.

Der Katholische Gesellenverein war für Adolph Kolping ein bürgerlicher Verein. Aber in ihm sollten die christlichen Tugenden von Glaube, Hoffnung und Liebe gelebt werden. Er sollte für die wandernden Handwerksgesellen ein Familienhaus in der Fremde sein. Heimat und Geborgenheit, Halt und

Hilfe, Religion und Glaube sollten sie darin erleben können!

Auch heute suchen und fragen die Menschen nach einem Ort, wo sie Mensch sein dürfen, wo sie sich verstanden und angenommen wissen, wo sie die Barmherzigkeit Gottes spüren und greifen können. Eine Kirche, die menschlich ist und menschlich handelt, wird auch für kirchenferne und suchende Menschen unserer Zeit anziehend sein! Adolph Kolping sagt auch uns als Kirche von heute: «Soll das Volksleben kirchlicher werden, muss das kirchliche Leben volkstümlicher werden.»

Adolph Kolping

Vor allem aber liebt einander, denn die Liebe hält alles zusammen und macht es vollkommen.
In eurem Herzen herrsche der Friede Christi; dazu seid ihr berufen als Glieder des einen Leibes. Seid dankbar!
Das Wort Christi wohne mit seinem ganzen Reichtum bei euch!

Kolosser 3,14–16

Gebet

Gott, unser Vater!
Dein Sohn hat die Kirche gegründet, damit sie ein Ort
sei, an dem wir Heimat und Geborgenheit, Schutz
und Hilfe finden können. In ihr sollen wir deine Liebe
und Nähe erfahren. Hilf uns, dass wir untereinander
wie eine Familie sind. Schenke uns auch für
Außenstehende den Blick der Liebe, das rechte Wort
und die helfende Tat. Darum bitten wir durch
Christus, unseren Herrn. Amen.

Gemeinsam Jesu Kirche sein

«Wer die Konfessionen als Manifestationen des Glaubens verwirft, der ist des Glaubens tatsächlicher Feind. Dieser Fortschritt also ist nicht bloß antikatholisch, sondern widerchristlich seiner innersten Natur nach.»

Adolph Kolping

Adolph Kolping war ein durch und durch katholischer Mensch, ein treuer und höchst engagierter Priester seiner Kirche. Daran gibt es keinen Zweifel. Zugleich pflegte er einen offenen, wenn auch kritischen Blick auf andere Konfessionen. Und wenn es um die Belange des christlichen Glaubens grundsätzlich ging, beschwor er die Gemeinsamkeit. So sah er sich zur oben zitierten Aussage veranlasst. Im Abgeordnetenhaus in Berlin war im Jahre 1863 ein Antrag eingebracht worden, durch den «die Fortschrittsleute den bestimmten konfessionellen Charakter, also den katholischen, aber auch positiv protestantischen, aus allen öffentlichen Lehranstalten wollen entfernt wissen». Gegen dieses Vorhaben meldete Adolph Kolping deutlichen Widerstand an. Ein solches Ansinnen war mit seinem christlichen Weltbild keineswegs vereinbar.

Adolph Kolping war ein Mann der praktischen Ökumene. Er plädierte für ein konkretes Zusammenwirken der christlichen Konfessionen angesichts der Bedrohung von außen. «Was tut da mehr not, als dass alle aufrichtigen lebendigen Christen, welcher Konfession sie auch angehören mögen, sich aufgrund des gemeinsamen Glaubens zusammenschließen zum Kampfe gegen die höllischen Mächte dieser Tage?» Folgerichtig öffnete er den Katholischen Gesellenverein auch für Protestanten. «Wir haben seit Jahren Protestanten in unserer Mitte und trotzdem, dass wir katholisch lehren und üben, nie Zank und Streit darum gehabt.»

Wir wissen uns dem Beispiel Adolph Kolpings verpflichtet. Wie er wollen auch wir der Bitte Jesu in seinem Hohenpriesterlichen Gebet Ausdruck verleihen: «Alle sollen eins sein: Wie du, Vater, in mir bist und ich in dir bin, sollen auch sie in uns sein, damit die Welt glaubt, dass du mich gesandt hast» (Joh 17,21)!

Ohne ökumenische Gesinnung und ohne ökumenisches Engagement können wir als Kirche und als Christen heute nicht glaubwürdig sein! Das Kolpingwerk hat sich in seinem Leitbild für die Ökumene verpflichtet: «Wir sind Teil der katholischen Kirche. Christen aller Konfessionen sind zur Mitarbeit bei uns eingeladen. Wir unterstützen und fördern alle Bemühungen zur Wiederherstellung der vollen kirchlichen Einheit in versöhnter Verschiedenheit» (64).

Ich, der ich um des Herrn willen im Gefängnis bin, ermahne euch, ein Leben zu führen, das des Rufes würdig ist, der an euch erging. Seit demütig, friedfertig und geduldig, ertragt einander in Liebe, und bemüht euch, die Einheit des Geistes zu wahren durch den Frieden, der euch zusammenhält. Ein Leib und ein Geist, wie euch durch eure Berufung auch eine gemeinsame Hoffnung gegeben ist; ein Herr, ein Glaube, eine Taufe, ein Gott und Vater aller, der über allem und durch alle und in allem ist.

Epheser 4,1–6

Gebet

Herr Jesus Christus!
Du hast vor deinem Tod um die Einheit derer gebetet, die an dich glauben. Wir bitten dich: Hilf uns, die Mauern zu überwinden, die uns trennen. Lass uns noch mehr das tun, was uns gemeinsam ist. Öffne uns den Sinn für neue Wege, die wir als Christen gehen können und gehen sollen. Dein Geist leite und stärke uns. Er führe jenen Tag herbei, an dem wir dich an dem einen Tisch als unser Lebensbrot empfangen, der du mit uns lebst, jetzt und in Ewigkeit. Amen.

Betet ohne Unterlass!

«Durchdrungen von der Überzeugung, dass
buchstäblich kein Haar von unserem Haupte fällt
ohne den Willen des Vaters im Himmel, glaube ich in
einer vielleicht etwas eigenen Weise an die Kraft des
Gebetes.»

Adolph Kolping

Ein wahrlich starkes Wort von Adolph Kolping!
Ausdruck seiner tiefen Gläubigkeit und seines festen
Gottvertrauens. «Auf dem Glauben ruht das Leben.»
Das stand für ihn fest. Und aus dieser religiösen und
– positiv verstanden – naiven Grundüberzeugung hat
er gelebt und gehandelt. Nicht von ungefähr gehört
das tägliche Gebet zu seinem Repertoire an Quellen,
aus denen er Kraft und Mut geschöpft hat. Nie aber
war das Gebet Ersatz für das eigene Handeln. Vielmehr war das «Ora et labora» für ihn eine Einheit von
zwei Lebensäußerungen, die sich einander ergänzen,
sich aber nie ausschließen. Beten und Arbeiten kor-
respondieren miteinander wie Sonntag und Alltag,
wie Ruhetag und Werktag, wie Ein- und Ausatmen.
Das war das Verständnis Adolph Kolpings von einem
Leben aus dem Glauben. Er selbst war wie ein Mitar-
beiter Gottes in der Werkstatt dieser Welt!

Lassen wir uns im Blick auf unser eigenes Gebetsleben von Adolph Kolping provozieren und hinterfragen. Etwa durch sein Wort: «Mit dem Beten, und mag es noch so mangelhaft gewesen sein, habe ich noch immer mehr ausgerichtet als mit allem irdischen Sorgen und Abmühen.» Not lehrt beten, sagt man. Beten, richtiges Beten aber will gelernt sein, muss immer neu geübt werden, damit es nicht zum oberflächlichen und blutleeren Lippenbekenntnis verkommt, sondern das konkrete Leben und Leiden zur Sprache bringt. In guten und in schlechten Zeiten sollte es seinen Platz haben, als Dank- und Bittgebet, allein oder gemeinsam verrichtet. Vielleicht machen auch wir dann die Erfahrung, von der Adolph Kolping erzählt: «Ich hab's wer weiß wie oft erfahren, dass man durch Beten oft mehr über die Herzen der Menschen vermag als durch sonstige menschliche Mittel. Natürlich, die Hände darf man nicht in den Schoß legen.»

Hört nicht auf, zu beten und zu flehen! Betet jederzeit im Geist; seid wachsam, harrt aus und bittet für alle Heiligen, auch für mich: dass Gott mir das rechte Wort schenkt, wenn es darauf ankommt, mit Freimut das Geheimnis des Evangeliums zu verkünden, als dessen Gesandter ich im Gefängnis bin.
Bittet, dass ich in seiner Kraft zu reden vermag, wie es meine Pflicht ist.

Epheser 6,18–20

«Das Gebet ist das segensreiche Wasser, das die
Pflanzen unserer guten Wünsche zum Grünen und
Blühen bringt.»

Franz von Sales

Lied

Sprich du das Wort, das tröstet und befreit
und das mich führt in deinen großen Frieden.
Schließ auf das Land, das keine Grenzen kennt,
und lass mich unter deinen Kindern leben.
Sei du mein täglich Brot, so wahr du lebst.
Du bist mein Atem, wenn ich zu dir bete.

Huub Oosterhuis*

25. WOCHE

Beten und arbeiten

«Glaubt nicht, meine Lieben, dass wir solche Menschen wollen, die sich hinsetzen und Rosenkränze beten und dann mit ihrer Pflicht versöhnt sind. Von einer solchen Frömmigkeit wollen wir nichts wissen, d.h., beten wie Christen wollen wir, aber auch arbeiten, denn dafür hat unser Herrgott die Kräfte gegeben.»

Adolph Kolping

Diese Worte hat Adolph Kolping in einer Festansprache anlässlich der Einweihung des Gesellenhauses München am 6. Mai 1855 gesagt. Weit gefehlt, wollte jemand ihm unterstellen, er hätte etwas gegen den Rosenkranz. Nein, ganz im Gegenteil! Er hatte eine ganz innige und intensive Beziehung zur Gottesmutter. Maria war für ihn eine gütige Fürsprecherin und Helferin in seinen persönlichen Anliegen und Problemen.

Adolph Kolping war von der Kraft des Gebetes zutiefst überzeugt. Und mit Sicherheit hat er oft den Rosenkranz gebetet. Allerdings war es ihm zuwider, Beten und Arbeiten als Alternative zu verstehen. So, als würde das Beten die eigene Anstrengung ersetzen. Also: Beten und arbeiten, ora et labora, das macht die richtige Haltung eines Christen aus! Denn: «Wenn wir Gott bitten, dass er dies und das segnen wolle, so dürfen wir nicht müßig dabeistehen, die Augen bloß zum Himmel erheben und die Hände in den Schoß legen … sondern unser Herrgott will auch, dass wir zu dem Gebet unsere eigenen Kräfte anspannen sollen, und zwar besonders an dem Werke, für das wir den Segen erflehen.»

Der Rosenkranz, richtig verstanden, ist ein auf Christus bezogenes Gebet. Er betrachtet die Geheimnisse seines Lebens und Leidens und seiner Verherrlichung und verdeutlicht die besondere Stellung Mariens im Heils- und Erlösungswerk ihres Sohnes. Wer mit Maria, der «Rosa mystica» (geheimnisvolle Rose), betend Kontakt pflegt, wird wie sie zum Dienst an Gott und den Menschen bereit sein. Betende Hände werden zu arbeitenden Hände!

*A*_lles, was ihr in Worten und Werken tut, geschehe im Namen Jesu, des Herrn. Durch ihn dankt Gott, dem Vater! … Tut eure Arbeit gern, als wäre sie für den Herrn und nicht für den Menschen; ihr wisst, dass ihr vom Herrn euer Erbe als Lohn empfangen werdet. Dient Christus, dem Herrn!_

Kolosser 3,17.23f

«Wenn man nur arbeitet und nicht betet, dann zerbröckelt das Brot in der Hand und nährt nicht mehr den Mann; denn beim Beten und Arbeiten ist Gottes Segen.»

Adolph Kolping

Lied

Alles meinem Gott zu ehren
in der Arbeit, in der Ruh!
Gottes Lob und Ehr zu mehren,
ich verlang und alles tu.
Meinem Gott nur will ich geben
Leib und Seel´, mein ganzes Leben.
Gib, o Jesu, Gnad dazu;
gib, o Jesu, Gnad dazu.

Einander ins Gebet nehmen

«Das Glückwünschen ist auch ein Beten, ein rechtes Herzensgebet zu dem, der die Zukunft ordnet, dass sie unseren Lieben zum Heile diene.»

Adolph Kolping

Immer wieder haben wir Gelegenheit, einander zu gratulieren, alles erdenklich Gute und Gottes Segen zu wünschen. Glück und Segen auf all deinen Wegen, so fassen wir zusammen, was wir einem anderen von Herzen wünschen. Allemal sollte das ein Ausdruck besonderer Zuneigung und Wertschätzung sein! Menschliche Worte sind schon mal zu schwach, um auszudrücken, was wir einander in guten oder auch in schlechten Zeiten als Zeichen der Nähe zum Ausdruck bringen wollen.

Adolph Kolping empfiehlt uns das Gebet füreinander! Eine gute Idee, einen Menschen in unser Gebet aufzunehmen, für ihn Fürsprecher und Sprachrohr vor Gott zu sein, zumal wenn es ihm angesichts schweren Leids die Sprache verschlägt. Welch ein Geschenk, wenn wir einem anderen versprechen, dass wir im Gebet an ihn denken, dass wir uns seine

Anliegen, Nöte und Ängste zu Eigen machen. Mit-Leid ist dann mehr als ein Wort, sondern nimmt konkrete Gestalt an, indem wir vor Gott das Leid anderer Menschen zur Sprache bringen, damit er helfe, heile und tröste.

Adolph Kolping wusste um die Kraft und Gnade des Gebetes. Immer wieder sprach er in seinen Briefen die Bitte und das Versprechen für ein persönliches Gebet aus. Im Wissen um seine Grenzen und Fehler bekennt er offen und freimütig: «Wir sind alle vor Gott viel zu große Bettler und strecken unsere Hände ja täglich aus nach dem gütigen Geber alles Guten…» Durchaus verständlich, dass auf der Platte, die früher das Grab Adolph Kolpings in der Minoritenkirche zu Köln bedeckte, die Worte standen: «Er bittet um das Almosen des Gebetes!» Nein, es ist wahrlich kein Armutszeugnis, andere um ihr Gedenken im Gebet zu bitten!

Ist einer von euch bedrückt? Dann soll er beten. Ist einer fröhlich? Dann soll er ein Loblied singen. Ist einer von euch krank? Dann rufe er die Ältesten der Gemeinde zu sich; sie sollen Gebete über ihn sprechen und ihn im Namen des Herrn mit Öl salben. Das gläubige Gebet wird den Kranken retten, und der Herr wird ihn aufrichten; wenn er Sünden begangen hat, werden sie ihm vergeben. Darum bekennt einander eure Sünden, und betet füreinander, damit ihr geheilt werdet. Viel vermag das inständige Gebet eines Gerechten.

Jakobus 5,13–16

«Wer betet, bindet die Erde an den Himmel.»

Arnold Janssen

Gebet

Herr Jesus Christus!
Wie einst deine Jünger so bitten auch wir: «Herr,
lehre uns beten.» Du hast ihnen damals dein Gebet,
das Vaterunser, geschenkt. Hilf uns, dass wir uns
deine Anliegen immer mehr zu Eigen machen und im
Vertrauen auf dich und deinen Vater wachsen und
reifen. Schenke uns ein weites Herz, dass wir die Not
und das Leid anderer mittragen und im Gebet vor
Gott zur Sprache bringen. Darum bitten wir dich,
dem wir alles sagen dürfen. Dir sei Dank in Ewigkeit.
Amen.

Mitleid üben

«Trost spenden, Liebe geben ist für ein leidvolles Herz noch immer der beste Balsam, fühlt man doch das eigene Leid weniger, wenn man das Leid eines anderen mitträgt.»

Adolph Kolping

Adolph Kolping hat im Schuhmacherhandwerk das Elend und die Probleme der jungen Gesellen am eigenen Leibe erlebt. Er fühlte sich angeekelt von den «rohen Gemütern» und der «geistigen Erbärmlichkeit» seiner Mitgesellen. Er musste heraus aus dem Leben «unter dieser Volkshefe». Er wechselte von der Werkbank auf die Schulbank, machte Abitur, studierte Theologie und wurde Priester. Auf seiner ersten Stelle als Kaplan und Religionslehrer in St. Laurentius in Elberfeld im Tal der Wupper sollte es zu seiner «Bekehrung» kommen.

Angesichts der Verelendung und unmenschlichen Lebensverhältnisse der Arbeiter und Arbeiterfamilien stellte sich Adolph Kolping ganz bewusst auf die Seite derer, die zu den Fortschrittsverlierern seiner Zeit gehörten. Die Arbeit mit und an den wandernden Gesellen wurde seine Lebensaufgabe. Denn: «Tätige Liebe heilt alle Wunden, bloße Worte mehren nur den Schmerz.» Aus eigenem Erleben kannte Adolph Kolping die Nöte der jungen Leute, ihren materiellen, geistigen und seelischen Mangel. Mitleid war für Adolph Kolping mehr als nur ein Wort. Sein Mitleid war ein wirkliches Mitfühlen und Mitleiden, war Liebe und Leidenschaft für andere!

Ohne echtes Mitleid würde unsere Welt in einem kalten Egoismus erstarren. Das Gesetz des Stärkeren und eine rücksichtslose Ellenbogenmentalität würden das private wie auch das öffentliche Leben bestimmen. Es wäre die Hölle auf Erden. Im Teilen von Freude und Leid hingegen wächst Gemeinschaft und damit ein Leben, das ein Stück Himmel auf Erden greifbar machen kann. «Wenn man Freud und Leid miteinander teilt, wächst man zusammen!»

Der Gesetzeslehrer ... sagte zu Jesus: Und wer ist mein Nächster? ... Was meinst du: Wer von diesen drei (Priester, Levit, Samariter) hat sich als der Nächste dessen erwiesen, der von den Räubern überfallen wurde? Der Gesetzeslehrer antwortete: Der, der barmherzig an ihm gehandelt hat. Da sagte Jesus zu ihm: Dann geh und handle genauso!

Lukas 10,25–37

«Wenn Gott jede Träne trocknet, dann sollten wir immer ein zweites Taschentuch dabei haben für den, der neben uns weint.»

Athanasius Wolff

Lied

Brich dem Hungrigen dein Brot.
Die im Elend wandern,
führe in dein Haus hinein;
trag die Last der andern.

Brich dem Hungrigen dein Brot;
du hast´s auch empfangen.
Denen, die in Angst und Not,
stille Angst und Bangen.

Martin Jentzsch*

Das Brot mit anderen teilen

> «Das Christentum ist nicht bloß für die Kirche und für die Betkammern, sondern für das ganze Leben. Es gibt keinen Punkt, keine Seite, kein einziges Verhältnis des Lebens, welches nicht nach den Grundsätzen des Christentums gerichtet und behandelt werden soll.»
>
> *Adolph Kolping*

Adolph Kolping war zweifelsohne ein überzeugter Priester, in fester Treue zu Papst und Kirche. Doch hinderte ihn diese eindeutige Loyalität nicht daran, die Finger in die Wunden zu legen, die er an der Kirche entdeckte. Vor allem vermisste er den bewussten und engagierten Einsatz bei vielen seiner Mitbrüder für die Arbeiter und Arbeiterfamilien, die unter den schrecklichen Folgen der Industrialisierung des 19. Jahrhunderts zu leiden hatten. Ihm selbst wurde vielfach nur Unverständnis entgegengebracht wegen seines sozialen Engagements für die jungen Handwerksgesellen.

Adolph Kolping versuchte, durch Bildung und durch Angebote der Hilfe zur Selbsthilfe die Situation der jungen Gesellen zu verbessern. Der Kirche hielt er den Spiegel vor: «Wir sind der festen Überzeugung, dass ein gewaltig christlich-sozialer Fehler dadurch geschehen ist, dass man sich zur Zeit entweder gar nicht oder doch in ganz verkehrter Weise um die Arbeiter bemüht hat.» Das Wort von Karl Marx, dass Religion Opium für das Volk sei, muss ihn sehr gewurmt haben. So kam es zu dem heftigen Vorwurf: «Der unchristliche Kommunismus wäre gar nicht auf die Welt gekommen, wenn der christliche in rechter Weise wäre überall ausgeübt worden!»

Als Christen und als Kirche laufen wir immer wieder Gefahr, uns auf den rein binnenkirchlichen Bereich zu beschränken. Wir dürfen nicht vergessen, dass zu den Grunddiensten der Kirche die Verkündung des Glaubens, die Feier der Sakramente, vor allem der Eucharistie, und unverzichtbar auch die Diakonie als sozialer Dienst und Verantwortung für die Welt gehören. Abendmahl und Fußwaschung müssen wir nach Jesu Beispiel (vgl. Joh 13) in einem Atemzug nennen! Das Brechen des Brotes in der Liturgie und in den Werken der Diakonie gehören zusammen.

Was nützt es, wenn einer sagt, er habe Glauben, aber es fehlen die Werke? Kann etwa der Glaube ihn retten? Wenn ein Bruder oder eine Schwester ohne Kleidung ist und ohne das tägliche Brot und einer von euch zu ihnen sagt: Geht in Frieden, wärmt und sättigt euch!, ihr gebt ihnen aber nicht, was sie zum Leben brauchen – was nützt das? So ist auch der Glaube tot, wenn er nicht Werke vorzuweisen hat.

Jakobus 2,14–17

Lied

Wenn das Brot, das wir teilen, als Rose blüht,
und das Wort, das wir sprechen, als Lied erklingt...
Wenn das Leid jedes Armen uns Christus zeigt,
und die Not, die wir lindern, zur Freude wird...
Wenn die Hand, die wir halten, uns selber hält,
und das Kleid, das wir schenken, auch uns bedeckt...
Wenn der Trost, den wir geben, uns weiterträgt,
und der Schmerz, den wir teilen, zur Hoffnung wird...
Wenn das Leid, das wir tragen, den Weg uns weist,
und der Tod, den wir sterben, vom Leben singt...
... dann hat Gott unter uns schon sein Haus gebaut,
dann wohnt er schon in unserer Welt.
Ja, dann schauen wir heut schon sein Angesicht,
in der Liebe, die alles umfängt.

*Claus-Peter März**

29. WOCHE

Tätige Liebe heilt alle Wunden!

«Das Christentum besteht nicht in schönen Worten und leeren Redensarten, es muss tätig, hingebend, aufopfernd geübt werden, so dass es sich auch im Äußeren ausprägt und auf die Umgebung mit übergeht.»

Adolph Kolping

Adolph Kolping hat schon sehr früh Einfluss genommen auf den Charakter und die Zielsetzung des Katholischen Gesellenvereins. Er sollte keine Bruderschaft sein, sondern eine Art Selbsthilfegruppe, auf jeden Fall eine Gemeinschaft, die sich Solidarität und tätiges Christentum auf die Fahnen geschrieben hat. Denn: «Tätige Liebe heilt alle Wunden, bloße Worte mehren nur den Schmerz!» Diese Worte setzte er als Leitspruch auf eine Broschüre, die er 1848 an seinen früheren Lehrer Professor Ignaz von Döllinger sandte.

Konkrete Hilfe zur Selbsthilfe sollten die Gesellen im Verein erhalten: Durch Unterkunft und Verpflegung in den Gesellenhäusern, durch Erleben von Gemeinschaft, durch Bildung, durch Einrichtungen

wie private Krankenkasse und Sparkasse, Arbeits-
vermittlung und Hilfskasse. Wie sehr Adolph Kolping sozial veranlagt war, wird auch dadurch deutlich, dass er als Schüler des Marzellengymnasiums in
Köln im Frühjahr 1839 einen ehemaligen Mitgesellen pflegte, der an Blattern erkrankt war. Dabei infi-
zierte er sich selbst und trug als Folge zeitlebens eine
Narbe in seinem Gesicht. Nach seinem Umzug von
Elberfeld nach Köln im Jahre 1849 unterbrach Adolph
Kolping sein Engagement zum Auf- und Ausbau des
Gesellenvereins. Er widmete sich während der Cho-
leraepidemie zwischen Juli und November tagein,
tagaus den Kranken und Sterbenden.

Adolph Kolping wusste zu sagen: «Wer immer
weit vor sich voraussieht, kann nicht auf das gehörig
achten, was vor ihm liegt.» Grenzenlose, grenzüber-
schreitende Solidarität steht uns als Internationales
Kolpingwerk gut an! Doch vergessen wir nicht die
Pflicht zur Nächsten-Liebe bei aller Bereitschaft zur
Fernsten-Liebe!

*Daran haben wir die Liebe erkannt, dass er (Jesus)
sein Leben für uns hingegeben hat. So müssen auch
wir für die Brüder das Leben hingeben. Wenn jemand
Vermögen hat und sein Herz vor dem Bruder verschließt,
den er in Not sieht, wie kann die Gottesliebe in ihm
bleiben? Meine Kinder, wir wollen nicht mit Wort und
Zunge lieben, sondern in Tat und Wahrheit.*

1 Johannes 3,16–18

«In der Tat, keine bessere über Gassen und Straßen
wandelnde, stille und doch so beredte Predigt als das
persönliche Opfer im Dienste der leidenden
Mitmenschen. Je anspruchsvoller, um so wirksamer.»

Adolph Kolping

Gebet

Herr, öffne meine Augen, dass ich die Not der
anderen sehe; öffne meine Ohren, dass ich ihren
Schrei höre; öffne mein Herz, dass sie nicht ohne
Beistand bleiben. Gib, dass ich mich nicht weigere,
die Schwachen und Armen zu verteidigen, weil ich
den Zorn der Starken und der Reichen fürchte. Zeige
mir, wo man Liebe, Glauben und Hoffnung nötig hat,
und lass mich deren Überbringer sein. Öffne mir
Augen und Ohren, damit ich für deinen Frieden
wirken kann.

Teilen macht reich!

«Wenn man Freud und Leid miteinander teilt, wächst man zusammen.»

Adolph Kolping

Ein einfaches Wort, doch voller Wahrheit und Leben! Unsere persönlichen und allgemein menschlichen Erfahrungen spiegeln sich darin wider. Ja, das stimmt: «Wenn man Freud und Leid miteinander teilt, wächst man zusammen!»

Adolph Kolping hat das in seiner eigenen Familie hautnah erlebt. Es galt, in guten und in schlechten Zeiten fest zusammenzustehen, das Wenige miteinander zu teilen und so einander zu bereichern. Als viertes von fünf Kindern wuchs er in ärmlichen Verhältnissen der Familie des Lohnschäfers Peter Kolping in Kerpen auf. Woran es aber nicht gefehlt hat, war die Liebe und die Sorge der Eltern, gegenseitige Geborgenheit und Hilfe, nicht zuletzt der gemeinsame Glaube an die Treue und Zuneigung Gottes. Freud und Leid miteinander zu teilen – das führt und das hält Menschen zusammen! Das hilft ihnen, immer enger zusammenzuwachsen; in guten Zeiten einander dankbar zu sein und in schwieriger Zeiten einander treuzubleiben. Sich in den Tabor- als auch Ölbergstunden menschlich nahe zu sein und zu bleiben, macht wohl das besondere Glück aus, das wir einander schenken sollten! Ja, geteilte Freude ist doppelte Freude. Geteiltes Leid ist halbes Leid!

Teilen macht reicht! Das lehrt die Erfahrung, die wir machen dürfen, wenn wir in unserer kleinen Welt von Familie und Freundeskreis, von Gemeinde und Kolpingsfamilie miteinander teilen, was wir sind und haben. Das gilt aber auch, wenn unsere Liebe grenzenlos wird und wir mit unseren fernen Nächsten teilen, was uns das Leben schenkt. Dafür ist die Eine-Welt-Arbeit im Kolpingwerk ein großartiger Beweis!

Die Gemeinde der Gläubigen war ein Herz und eine Seele. Keiner nannte etwas von dem, was er hatte, sein Eigentum, sondern sie hatten alles gemeinsam. Mit großer Freude legten die Apostel Zeugnis ab von der Auferstehung Jesu, des Herrn, und reiche Gnade ruhte auf ihnen allen. Es gab auch keinen unter ihnen, der Not litt. Denn alle, die Grundstücke oder Häuser besaßen, verkauften ihren Besitz, brachten den Erlös und legten ihn den Aposteln zu Füßen. Jedem wurde davon so viel zugeteilt, wie er nötig hatte.

Apostelgeschichte 4,32–35

Lied

Die Erde ist schön, es liebt sie der Herr,
neu ist der Mensch, der liebt,
die Erde ist schön, es liebt sie der Herr,
neu ist der Mensch, der liebt wie er.

Alle Menschen sind Geschwister,
teilen woll'n wir Freud und Leid,
daraus wächst das wahre Leben,
das die Welt erwartet heut'.

Redaktionsteam Neue Stadt*

Gemeinsam sind wir stark!

«Wir können viel, wenn wir nur nachhaltig wollen; wir können Großes, wenn tüchtige Kräfte sich vereinen.»

Adolph Kolping

Gott hat uns so geschaffen, dass wir aufeinander verwiesen und angewiesen sind. Bei aller Selbstmächtigkeit brauchen wir einander, nicht nur an den Eckpunkten unseres Lebens, als Kinder oder als kranke und alte Menschen. Zeitlebens bleiben wir Mangelwesen, bedürftig und unvollkommen. Und wenn es um das geht, was wir selbst nicht machen oder kaufen können, dann wird uns bewusst, wie sehr wir uns anderen verdanken. Wir erkennen, dass unser Leben in seiner eigentlichen Bestimmung und Bedeutung ein großes Geschenk ist. Was unbezahlbar und was kostenlos ist, wird umso kostbarer und wertvoller: Treue, Vertrauen, Liebe, Zuneigung, Verlässlichkeit, Versöhnung, Zufriedenheit, Lob, Dank, Anerkennung, Respekt.

Adolph Kolping wusste um den Wert und die Bedeutung der Gemeinschaft. Deshalb hat er sich mit aller Kraft für den Auf- und Ausbau des Katholischen Gesellenvereins eingesetzt. Die jungen Menschen sollten im Zusammenschluss mit anderen Gleichgesinnten ihre eigenen Fähigkeiten entdecken und entfalten, sie zu ihrem eigenen wie auch zu der anderen Wohl einsetzen. Adolph Kolping ließ sich von der Frage leiten: «Sollte man die Guten, die Besseren nicht vereinen, um in ihrer Vereinigung dem guten, aber isolierten, oft schwachen Willen Kraft und Halt zu schaffen?»

Nicht das Für-sich-Sein ist der Weg zu menschlichem Glück, zu persönlicher Selbstverwirklichung. Aber im Mitsein mit anderen und im liebevollen Austausch dessen, was wir sind und haben, werden wir uns gegenseitig bereichern und beglücken!

*E*s *gibt verschiedene Gnadengaben, aber nur den einen Geist. Es gibt verschiedene Dienste, aber nur den einen Herrn. Es gibt verschiedene Kräfte, die wirken, aber nur den einen Gott: Er bewirkt alles in allen. Jedem aber wird die Offenbarung des Geistes geschenkt, damit sie anderen nützt.*

1 Korinther 12,4–7

«Der Haufen macht´s nicht aus, sondern dass die Mitglieder tüchtige Leute sind. Mit zehn tüchtigen Leuten richtet man viel mehr aus als mit hundert, mit denen man nicht weiß, was man machen soll.»

Adolph Kolping

Gebet

Guter Gott!
Du hast uns verschiedene Gaben und Fähigkeiten geschenkt. Keinem gabst du alles und keinem nichts. Jedem gibst du einen Teil. Hilf uns, dass wir einander dienen mit dem, was du einem jedem zum Nutzen aller gibst. Lass uns in Liebe teilen. Darum bitten wir durch Christus, unseren Herrn. Amen.

Mach mal Pause!

«An der Arbeit soll sich die Kraft des Körpers und Geistes üben und stärken, nicht aufreiben; in der Erholung und Erheiterung soll Körper und Geist Kräfte sammeln und erfrischen, nicht verlieren.»

Adolph Kolping

Wer kennt es nicht, das beklemmende Gefühl, ausgebrannt zu sein an Seele und Leib? Zu oft bis an die Grenzen der physischen Belastbarkeit gegangen und dadurch auch die stillen Kraftreserven aufgebraucht, das kann nicht lange gut gehen. Bevor die ersten Alarmsignale kommen, sollten wir einen Stopp einlegen und uns Zeit zum Auftanken nehmen. Neuer und frischer Treibstoff muss her. «Sprit» sollte es sein, Spiritus, also Geist, der neue Kraft und neues Leben schenken kann. Den aber kann man nicht einfach gegen Geld an einer Tankstelle erwerben. Letztlich ist er unbezahlbar. Mehr noch: Er ist kostenlos! Gratis kann man ihn tanken, weil er uns von Gott geschenkt wird. Der Prophet Jesaja lädt uns zum kostenlosen Auftanken ein, wenn er sagt: «Auf, ihr Durstigen, kommt alle zum Wasser! Auch wer kein Geld hat, soll kommen... Warum bezahlt ihr mit Geld, was euch nicht nährt...» (Jes 55,1f)?

Adolph Kolping ruft uns auf, uns nicht an der Arbeit aufzureiben. Das hat er wohl auch an seine eigene Adresse gerichtet. Denn er hatte oft genug Grund, über eine hohe Arbeitsbelastung zu klagen. Oft habe er tagelang nicht eine wirklich freie Stunde gehabt, um zu verschnaufen. «Wenn ich kann, gehe ich in der Woche einen Tag aus der Stadt, um nur für ein paar Stunden aus dem Getöse zu kommen. Mehr geht in der Regel schon nicht an.» Adolph Kolping versuchte, Kontakte und Freundschaften zu pflegen. Er war ein durch und durch lebensfroher und geselliger Typ. Erholungszeiten gehörten zu seinem Programm. In den letzten Lebensjahren machte er auf ärztliche Anweisung jährlich eine Kur im belgischen Seebad Ostende.

Zur rechten Zeit Erholung für Seele und Leib suchen, das meint das Gebot der Selbstliebe. Innerlich und äußerlich zur Ruhe kommen; neu herausfinden, wofür und woraus wir leben; neu erkennen, was die eigentlichen Quellen unseres Lebens sind und wem wir uns mit unserer Existenz verdanken. Erholung, Urlaub, freie Zeit: eine glänzende Gelegenheit, uns selbst neu zu entdecken und durch die Begegnung mit anderen Menschen und mit Gott, der uns seine Nähe schenkt in seiner Schöpfung, im Wort der Heiligen Schrift und in den Sakramenten der Kirche. Gratis, aus Gnade und Liebe schenkt er uns neue Kraft für den weiteren Weg!

Jesus sagt seinen Aposteln nach getaner Arbeit: Kommt mit an einen einsamen Ort, wo wir allein sind, und ruht ein wenig aus. Denn sie fanden nicht einmal Zeit zum Essen, so zahlreich waren die Leute, die kamen und gingen.

Markus 6,31

«Der alltägliche Mensch muss bisweilen dem Alltäglichen aus dem Wege gehen, damit er für das Alltägliche endlich wieder offenen Sinn und Verstand empfängt.»

Adolph Kolping

Gebet

Herr, unser Gott!
Du hast in deiner Liebe alles ins Leben gerufen und uns zum Geschenk gemacht. Du willst, dass wir deine gute Schöpfung bewahren und weiterentwickeln. Bei aller Arbeit und Mühe schenkst du uns Zeiten der Ruhe und Erholung. Sie sollen wie Tankstellen sein, an denen wir für Seele und Leib neue Kraft schöpfen können. Dafür danken wir dir durch Christus, unseren Herrn. Amen.

Die Schöpfung genießen und bewahren

«Ein frommes, friedliches Herz empfindet ja die
friedliche und herrliche Schönheit der Schöpfung
wahrer und tiefer als das für andere Menschen
möglich ist.»

Adolph Kolping

«Geh aus mein Herz und suche Freud in dieser schönen Sommerzeit an deines Gottes Gaben. Schau an
der schönen Gärten Zier und siehe, wie sie mir und
dir sich ausgeschmücket haben» (Paul Gerhardt).

Geh aus, mein Herz! Eine wahrlich verständli-
che Selbstaufforderung, der wir uns gerne anschlie-
ßen werden. Wenn nicht jetzt in diesen Tagen und
Wochen des Sommers, wann denn sonst zieht es
uns hinaus in die Sonne, in die Natur und ins Grü-
ne? «Mutter Erde» breitet ihre schier unbegrenzte
Fruchtbarkeit und Schönheit vor uns aus. Sie lädt uns
ein, mit allen Sinnen zu genießen, was sie uns nur
zu bieten hat an Vitalität und Lebenskraft. «Schau an
der schönen Gärten Zier …!»

Adolph Kolping war ein guter Beobachter. Gerne hat er Reisen unternommen, nicht nur um neue

Gesellenvereine zu gründen, sondern um auch Land und Leute, Kultur und Natur kennenzulernen und zu genießen. So schwärmte er angesichts der schönen alpinen Naturschönheiten: «Oben auf dem Grat im Angesichte dieses prächtigen, erhabenen Stückes Schöpfung» solle man nicht bloß mit dem Verstand genießen. Wichtig sei, dass «einmal das Herz seine Rechte geltend macht, oder gar mitten in der Schöpfung man an den Schöpfer gedenkt und es Einem wie Morgenandacht überkommt, wenn die Schneehäupter ringsum sich mit frischen Strahlen der Sonne wie mit goldenen Diademen schmücken.»

In der Begegnung mit der Natur können wir neu erleben, wie sehr wir Menschen ein Teil jenes Ganzen sind, das wir die Schöpfung Gottes nennen. Alle Lebewesen sind unsere Mitgeschöpfe. Mensch und Natur gehören zusammen und brauchen einander. Und für alles, was Gott geschaffen hat, haben wir als sein Abbild Verantwortung und Sorge zu tragen. Als Christen, die wir an Gott, den Schöpfer des Himmels und der Erde, glauben, haben wir die ehrenvolle Aufgabe, die Schöpfung zu bewahren und positiv weiterzuentwickeln. Der evangelische Theologe und Arzt Albert Schweitzer hat uns als sittliches Grundprinzip die «Ehrfurcht vor dem Leben» ins Stammbuch geschrieben. Genießen wir die Freude an der Schöpfung Gottes; bleiben wir ihm auf der Spur, wenn wir all dem begegnen, was er geschaffen hat; und danken wir dem Schöpfer, dass er es so gut mit uns meint!

Lobe den Herrn, meine Seele!
Herr, mein Gott, wie groß bist du!
Du bist mit Hoheit und Pracht bekleidet.
Herr, wie zahlreich sind deine Werke!
Mit Weisheit hast du alle gemacht,
die Erde ist voll von deinen Geschöpfen.
Ich will dem Herrn singen, solange ich lebe,
will meinem Gott spielen, solange ich da bin.
Möge ihm mein Dichten gefallen.
Ich will mich freuen am Herrn.

Psalm 104,1.24.33f

«Die Schöpfung ist wie ein Abdruck der Schritte Gottes.»

Johannes vom Kreuz

Gebet

Allmächtiger Gott!
Du bist der Schöpfer der Welt, du hast alles
geschaffen, was ist. Du hast auch uns Menschen
geschaffen. Du hast uns gesegnet und uns deine
Schöpfung anvertraut.
Wir bitten dich: Hilf uns, deine Gaben so zu
gebrauchen, dass die Erde bewohnbar bleibt für die
kommenden Generationen. Hilf uns, dass wir die
Vielfalt der Schöpfung pflegen zu deinem Lobpreis.
Hilf uns, dass wir Herz und Verstand richtig
einsetzen, um deine Schöpfung zu gestalten, bis sie
vollendet wird in Herrlichkeit. Amen.

Familie als Lebens- und Glaubensschule

«Weil es das Erste ist, was der Mensch vorfindet im
Leben, und das Letzte, wonach er die Hand
ausstreckt, und das Kostbarste im Leben, was er
besitzt, auch wenn er es nicht achtet ... das ist Deine
Familie.»

Adolph Kolping

Adolph Kolping wusste die Bedeutung der Familie
aus eigener Erfahrung sehr zu schätzen. Mit seinen
vier Geschwistern ist er in einfachen und ärmlichen
Verhältnissen aufgewachsen. Und doch fühlte er
sich beschenkt und bereichert durch das menschliche und religiöse Vorbild seiner Eltern. Als 27-jäh-
riger Primaner schreibt er 1841 im Rückblick auf
seine Kindheit: «Meine Eltern waren stille, ehrbare
Leute, deren ganzes Vermögen in einer zahlreichen
Familie bestand, deren Unterhalt ihnen vollauf zu
tun gab ... Damals war ich so glücklich, dass ich
seitdem ein solch irdisches Glück nicht mehr gefunden habe. Das war ein armes, aber ein frommes und
zufriedenes, darum glückliches Familienleben.»

Wir werden, so hoffe ich, die schöne Erfahrung Adolph Kolpings aus dem Erleben unserer eigenen Familie bestätigen können! Die Familie ist unverzichtbar für die Entfaltung der individuellen und sozialen Anlagen des Menschen. Familie ist der beste und darum auch unverzichtbare Ort der Menschwerdung des Menschen! Und sie ist auch der primäre und entscheidende Ort der Christwerdung des Menschen. Das geschieht dann, wenn die Eltern in dieser Grundschule des Glaubens die ersten Priester und Glaubenszeugen für ihre Kinder sind, wenn die Familie eine Kirche im Kleinen ist. Wo Religion im Familienleben fehlt, droht Gefahr für dessen Bestand. Sagt Adolph Kolping nicht durchaus zu Recht: «Nehmt die Religion aus dem Familienleben und ihr versetzt ihm den Todesstoß!»

Ihr seid von Gott geliebt, seid seine auserwählten Heiligen. Darum bekleidet euch mit aufrichtigem Erbarmen, mit Güte, Demut, Milde, Geduld. Ertragt und vergebt einander, wenn einer dem andern etwas vorzuwerfen hat. Wie der Herr euch vergeben hat, so vergebt auch ihr! Vor allem aber liebt einander, denn die Liebe ist das Band, das alles zusammenhält und vollkommen macht.

Kolosser 3,12–14

«Die Familie und die Ehe sind Verhältnisse im Menschenleben, die einer lebendigen Quelle gleichen. Je mehr Wasser man schöpft, um so reicher der Quell nachströmt.»

Adolph Kolping

Gebet

Gott der Liebe!
Du willst, dass unser Leben auf ein gutes Fundament gestellt wird und dass es sein Ziel in der Vollendung bei dir findet. Lass vor allem unsere Familien ein Ort sein, an dem Eltern und Kinder einander helfen, nach deinem Willen zu leben und miteinander in Liebe glücklich zu werden. So bitten wir durch Christus, unseren Herrn. Amen.

Kinder als Hoffnung für unsere Welt

«Es ist eine wunderbare Gabe Gottes für den Menschen, ins Getümmel des Lebens gestellt, einen eigenen Herd zu haben, irgendwo daheim zu sein. Die meisten Menschen würden sicher verwildern, wenn sie nicht mehr heimgehen könnten.»

Adolph Kolping

«Der Familie hat Adolph Kolping einen entscheidenden Platz in seinem pastoral-sozialen Erneuerungsprogramm zugedacht.» So stellte Papst Johannes Paul II. im Rahmen der Seligsprechung am 27. Oktober 1991 Adolph Kolping als Anwalt der Familie vor. Wenn die Familie versagt, dann hat das fatale Folgen für die Entwicklung der Kinder und der jungen Generation. Ja, das wird sich negativ auswirken auf die Gesellschaft insgesamt. «Das Schicksal der Familie nämlich ist über kurz oder lang das Schicksal des Landes.» Ist die Familie gesund, ist auch die Gesellschaft gesund. Dafür gibt es hinreichend Belege aus der Erfahrung mit negativen Symptomen in unserem gesellschaftlichen Leben und Zusammenleben. Die «Verwilderung» der Sitten ist ein eindeutiges Indiz dafür, dass Familie oftmals als Lern- und Einübungsfeld für soziales Verhalten und Handeln versagt oder ausfällt.

Deshalb müssen Familien bei uns Vorfahrt haben! Es geht letztlich um die Zukunft unserer Gesellschaft und auch unserer Kirche. Dabei sind Kinder unsere Hoffnungsträger! Jede Investition in die Arbeit mit und für Kinder ist eine Investition in unsere Zukunft. Da sind wir als Einzelne wie auch als Kolpingwerk insgesamt gefragt und gefordert! Im Leitbild haben wir uns zum bewussten Engagement für die Familie verpflichtet: «KOLPING ermutigt, christliche Ehe und Familie zu leben, und gibt auf diesem Weg Unterstützung. Dies ist uns wichtig, weil Familien Lernorte des Glaubens, der Wertevermittlung, der Kultur und der Solidarität sind» (83).

In jener Zeit kamen die Jünger zu Jesus und fragten: Wer ist im Himmelreich der Größte? Da rief er ein Kind herbei, stellte es in ihre Mitte und sagte: Amen, das sage ich euch: Wenn ihr nicht umkehrt und wie die Kinder werdet, könnt ihr nicht in das Himmelreich kommen. Wer so klein sein kann wie dieses Kind, der ist im Himmelreich der Größte. Und wer ein solches Kind um meinetwillen aufnimmt, der nimmt mich auf.

Matthäus 18,1–5

«Jedes Kind, das geboren wird, bringt von Gott die Botschaft mit, dass er noch nicht an der Menschheit verzweifelt.»

Rabindranath Tagore

Gebet

Guter Gott!
Du hast die Kleinen und die Kinder unserer Sorge anvertraut. Mit unserer Hilfe und Begleitung sollen sie zu guten Menschen heranwachsen. Lass alle, die im Dienst der Erziehung stehen, mit Liebe und Überzeugung ihre Aufgabe erfüllen. Gib ihnen die Kraft, dass sie für Kinder und junge Menschen ein religiöses und menschliches Vorbild sind und dass es ihnen gelingt, tüchtige Menschen und Christen heranzubilden. Darum bitten wir durch Jesus Christus, unseren Bruder und Herrn. Amen.

Erziehung mit Herz

«Wer Menschen gewinnen will, muss das Herz zum
Pfande einsetzen ... Das Herz aber, die rechte Liebe,
muss sich bewähren in der Tat.»

Adolph Kolping

Wer nach einem probaten und erfolgreichen Erziehungskonzept fragt, sollte nicht an Adolph Kolping
vorbeigehen. Wer bei ihm in die Schule geht, wird
herausfinden, was unerlässlich ist im Umgang mit
Menschen, vor allem mit Kindern und Heranwachsenden. Es kommt auf das Herz an, um sie zu guten Menschen erziehen und heranbilden zu können.
Adolph Kolping war recht streng und konsequent in
seinem Bemühen, die jungen Gesellen zu tüchtigen
Menschen zu machen. Nicht selten hat er sie überfordert. Jedoch lernte er mehr und mehr, mit Geduld und Einfühlungsvermögen die jungen Leute
zur Eigeninitiative anzuleiten. Recht verständnisvoll
klingen seine Worte: «Man darf doch nicht einen
zum Laufen antreiben, wenn er noch nicht gehen
kann.» Mit Engels- und mit Eselsgeduld hat Adolph
Kolping versucht, die jungen Menschen wieder für
den Glauben und ein Leben mit der Kirche zu gewinnen. Wahrlich ein Beispiel pastoraler Klugheit!

Mit Kopf, Herz und Hand hat Adolph Kolping die jungen Gesellen für sich und seine Ideen und Ziele gewonnen. Nicht von ungefähr haben sie ihn bei der Abschiedsfeier als Präses des Gesellenvereins in Elberfeld als «Vater» bezeichnet.

«Ja, Du bist Vater geworden uns, die wir größtenteils, fern von der lieben Heimat, uns als Fremdlinge hier befinden. Du hast mit väterlicher Liebe uns hier aufgenommen, hast mit väterlicher Sorgfalt über uns gewacht...»

Menschen gewinnen, das wird nur gehen, wenn man das Herz zum Pfande einsetzt. Das hat Adolph Kolping damals nicht von ungefähr gerade seinen Mitbrüdern ans Herz gelegt. Auch wir sollten dieses Wort beherzigen, wenn wir in Kirche und Kolpingwerk mit Erfolg Menschen für Jesus Christus und für ein Leben aus dem Glauben gewinnen wollen. Menschen mit Herz, Menschen, die durch Liebe ihrem Glauben Hand und Fuß, Gesicht und Gestalt verleihen, werden überzeugen und für andere anziehend sein.

*D*a brachte man Kinder zu ihm, damit er ihnen die Hände auflegte. Die Jünger aber wiesen die Leute schroff ab. Als Jesus das sah, wurde er unwillig und sagte zu ihnen: Lasst die Kinder zu mir kommen; hindert sie nicht daran! Denn Menschen wie ihnen gehört das Reich Gottes. Amen, das sage ich euch: Wer das Reich Gottes nicht so annimmt wie ein Kind, der wird nicht hineinkommen. Und er nahm die Kinder in seine Arme; dann legte er ihnen die Hände auf und segnete er sie.

Markus 10,13–16

«Die Eltern sind das lebendige Buch, wonach die Kinder sollen und müssen erzogen werden.»

Adolph Kolping

Gebet

Gott der Liebe!
Du hast Kinder und junge Menschen unserer Sorge anvertraut. In deinem Namen sollen wir sie auf einen guten Weg ins Leben führen und begleiten. Schenke uns Klugheit und Geduld, damit wir auch in schwierigen Situationen das jeweils Richtige tun. Vor allem schenke uns ein weites Herz, damit die Liebe in allem der beste Ratgeber ist. Lass uns glaubwürdige Vorbilder sein. So bitten wir durch Christus, unseren Herrn. Amen.

Arbeit als Auftrag Gottes

«Zum Vergnügen ist ein christlicher Mensch gar nicht auf dieser Welt, sondern zum Wirken, Arbeiten und Schaffen zur Ehre Gottes und zum wirklichen Nutzen der Mitmenschen.»

Adolph Kolping

Streng muten diese Worte Adolph Kolpings an. Sie entsprechen durchaus seinem Naturell. Konsequent und pflichtbewusst stellte er sich seinen Aufgaben. So kennen wir ihn. Und da gab es ab und an die Klage über den allzu großen Leistungsdruck. «Wie an eine Kette geschmiedet» kam er sich vor angesichts der Tatsache, dass er innerhalb von zwei Monaten auf keine drei freien Tage hoffen konnte. So schrieb er an seine «Sehr vertraute Frau Antonie (Mittweg)». War Adolph Kolping etwa ein Workaholic; einer, der von der Arbeit geradezu besessen war? Das wohl nicht. Es war sein Pflichtgefühl, das ihn zu einer enormen Arbeitsleistung befähigte, ihn aber auch überforderte.

Adolph Kolping will uns sicherlich nicht die Freude am Leben und an Gelegenheiten vermiesen, uns zu vergnügen. Wie wir kannte er wohl beides, Lust und Frust an der Arbeit. Diese wurde ihm schon mal zur Last. So verstehen wir seine Worte: «Hinaus möcht' ich, spazieren gehen, Freunde besuchen, mich auf dem Rücken ins Gras legen und den Himmel begucken…»

Fernab, ein arbeitswütiger Mensch zu sein, will uns Adolph Kolping durch Wort und Beispiel auf den Sinn und den Wert der Arbeit, jedweder Arbeit hinweisen, sei sie Erwerbsarbeit oder Haus- und Familienarbeit oder auch ehrenamtliches Engagement. Er betont, dass alles Schaffen «zur Ehre Gottes und zum wirklichen Nutzen der Mitmenschen» geschieht. Damit nennt Adolph Kolping wichtige Aspekte des christlichen Arbeitsverständnisses. Arbeit ist Teilhabe am Schöpfungswerk Gottes und soll ein Beitrag sein, unsere Welt positiv zu gestalten und weiterzuentwickeln. Zugleich soll sie die eigene Existenz sichern und dem Wohl anderer dienen. Der Schöpfungsauftrag Gottes meint nicht, dass wir die Erde eigennützig ausbeuten, sondern dass wir sie zum Nutzen aller Menschen und der künftigen Generationen bewahren und entwickeln sollen.

Dann legte Gott, der Herr, in Eden, im Osten, einen Garten an und setzte dorthin den Menschen, den er geformt hatte … Gott, der Herr, nahm also den Menschen und setzte ihn in den Garten von Eden, damit er ihn bebaue und behüte.

Genesis 2,8.15

«Die Welt bedarf der mütterlichen Frau; denn sie ist weithin ein armes, hilfloses Kind.»

Gertrud von le Fort

Lied

Auf der Erde darfst du leben –
leben ganz und jetzt und hier
und du kannst das Leben lieben,
denn der Schöpfer schenkt es dir.

Uns're Erde zu bewahren,
zu bewahren das, was lebt,
hat Gott dir und mir geboten,
weil er seine Erde liebt.

Eine Handvoll Erde,
schau sie dir an.
Gott sprach einst: Es werde!
Denke daran!

Reinhard Bäcker*

38. WOCHE

Arbeit als Weg zur Selbstverwirklichung

«Wohin Gott den Menschen stellt, dort ist sein Beruf, dort gedeiht er am besten, dort soll er seine Kräfte entfalten ...»

Adolph Kolping

Adolph Kolping war fest davon überzeugt, dass Gott jedem Menschen seinen Platz in dieser Welt zuweist. Mit jedem Menschen will er an seiner Welt Gutes und Neues wirken. An welcher Stelle auch immer der Mensch steht, Gott hat ihn in seinem Plan vorgesehen, damit die Welt besser, gerechter und vollkommener werde. Aus dieser Wertschätzung Gottes für jeden Menschen hat Adolph Kolping für sich selbst den Weg erkannt, der ihn vom Handwerksgesellen zum Priester und als Priester zum «Gesellenvater» werden ließ. Den Dienst am und im Gesellenverein machte er zu seiner Lebensaufgabe. Er tat es in der Überzeugung und Zuversicht, die aus seinem Wort spricht: «Gott stellt jeden dahin, wo er ihn braucht.» Diese Worte schrieb er angesichts unangenehmer und schwerer Zeiten in der Arbeit mit den jungen Leuten.

Das macht letztlich die Freude und Zufriedenheit in dem aus, was wir tun, wenn wir in der Arbeit und im Beruf unsere Berufung erkennen können. So geschieht der Wille Gottes durch uns am jeweiligen Platz; allemal, wo er uns braucht und wo Menschen uns brauchen.

Da gilt, die Kräfte des Geistes, des Herzens und der Hände einzubringen und dadurch uns selbst zu entfalten und zu verwirklichen. Wo unser Leben zum Dasein für andere wird, hat die Liebe gesiegt und haben wir den Sinn unseres Lebens gefunden.

Wenn das Weizenkorn nicht in die Erde fällt und stirbt, bleibt es allein; wenn es aber stirbt, bringt es reiche Frucht.

Johannes 12,24

«Aller Sinn des Lebens ist erfüllt, wo Liebe ist.»

Dietrich Bonhoeffer

38. WOCHE

Gebet

Gott,
dein Sohn Jesus Christus ist das Weizenkorn, das für
uns starb. Nimm von uns die Angst, für andere
verbraucht zu werden. Hilf uns, unsere Kräfte und
Fähigkeiten so einzusetzen, dass sie reiche Frucht für
andere bewirken. So bitten wir durch Jesus Christus,
unseren Herrn. Amen.

Immer mehr Mensch werden

«Das Bild und Gleichnis Gottes im Menschen, was so recht eigentlich sein Wesen konstituiert und bedeutsam angibt, soll durch Bildung zur Ähnlichkeit mit Gott weitergeführt, schärfer, bestimmter ausgeprägt, ja bis zu jener Vollendung emporgehoben werden, die das Bild dem Urbilde gegenüber nur erreichen kann. Ja, werdet vollkommen, wie euer Vater im Himmel vollkommen ist. Das ist die göttliche Grundregel aller wahren Bildung.»

Adolph Kolping

Wenn es für Adolph Kolping ein Thema gab, das ihn zeitlebens begleitete, dann war es die Frage nach Bildung und Ausbildung. Wie sehr hat er darunter gelitten, dass ihm zu gegebener Zeit die Tür zu höherer Bildung verschlossen blieb! Wie sehr hat ihn die «krasse Unwissenheit und geistige Erbärmlichkeit» seiner Mitgesellen bedrückt, ja angeekelt! Die spätere, verspätete Chance zu höherer Bildung war wie ein Befreiungsschlag. Diese bittere Erfahrung war für Adolph Kolping das entscheidende Motiv, als

Priester und Präses des Gesellenvereins die Bildung der jungen Leute zu seiner Lebensaufgabe zu machen. Statt einer wissenschaftlichen Laufbahn fühlte er sich als Volksprofessor ganz in seinem Elemente. Der Gesellenverein sollte eine «wahre Volksschule», eine «Akademie im Volkston» und «Tüchtigkeit» das Ziel aller Bildung sein. Für Adolph Kolping hatte das mit Glaube und Christsein zu tun. Alle Bildung muss sich an der biblischen Wahrheit orientieren, dass Gott den Menschen als sein Abbild geschaffen hat. Und diese Ähnlichkeit mit Gott soll durch Bildung gefördert und ausgeprägt werden. «Der Mensch ist nach Gottes Bild und Gleichnis geschaffen und soll durch göttliche Hilfe zur Ähnlichkeit mit Gott fortgebildet werden.»

Adolph Kolping sah in Jesus Christus den einzig vollkommenen Menschen. Er ist das Vorbild schlechthin. Daran soll sich jegliche Bildung orientieren. «Die lebendige Erkenntnis des Erlösers also, welche die Liebe zu ihm notwendig einschließt, ist gleichsam das Herz, der Pulsschlag der wahren Bildung…» Wer sich auf das Leben Jesu einlasse, werde immer mehr gottähnlich; dessen Leben werde «eines nach Christus Geformten sein und immer mehr werden». Ziel aller Bildung im christlichen Verständnis ist das Wachsen und Reifen in der Liebe, ist ein Dienst an der Menschwerdung des Menschen, an der Entfaltung seines Geistes, seines Herzens und seiner Hände, damit von ihnen Gutes ausgehe, damit der Mensch ein Segen sei für andere und für unsere Welt!

L iebt einander, so wie ich euch geliebt habe. Es gibt keine größere Liebe, als wenn einer sein Leben für seine Freunde hingibt.

Johannes 15,12f

Gebet

Gütiger Gott!
Du bist die Liebe. Dein Sohn hat uns aufgetragen:
Liebt einander, so wie ich euch geliebt habe. Gib uns
deinen Geist, damit wir in der Liebe wachsen und
immer mehr Mensch werden nach dem Vorbild
deines Sohnes, der mit dir und uns lebt jetzt und in
Ewigkeit. Amen.

Immer mehr Christ werden

> «Die Ausübung der Liebe zu Gott und den Menschen ist das notwendigste Erfordernis in der wahren, menschlichen Bildung.»

Adolph Kolping

Was Adolph Kolping hier sagt, wird leider oft vergessen und vernachlässigt. Ohne Zweifel ist die Vermittlung von Wissen und Fachlichkeit ein wichtiger Auftrag von Schule, Bildung und Ausbildung. Aber darin darf sich Bildung nicht erschöpfen. Denn: «Man kann ungeheuer viel wissen und ein grundschlechtes Möbel im Haushalt Gottes sein; man kann sehr, fast unmenschlich gelehrt sein und zugleich eine wahre menschliche Fratze, ein lebendiger Hohn auf das lebendige Urbild, auf Gott.» Für Adolph Kolping stand fest, dass Kopfbildung allein keineswegs ausreicht, um einen Menschen vollkommen, gottähnlicher werden zu lassen. Herzensbildung ist dazu unverzichtbar. Die Fähigkeit zur Liebe Gott und den Menschen gegenüber muss entfaltet werden. Das ist Bestandteil und Ziel jeder wahren, menschlichen Bildung! Das sei zur Beherzigung aller gesagt, denen die Verantwortung für die Erziehung und Bildung «tüchtiger Menschen» obliegt!

Gut zu sein und immer mehr zu werden, das entspricht dem Willen Gottes; denn er ist gut! Gott ist die Liebe. Und ihm immer ähnlicher zu werden, ist unsere Chance und Aufgabe. Das aber geht nicht ohne Liebe. Gott hat jedem Menschen das Bedürfnis und die Sehnsucht ins Herz gegeben, zu lieben und geliebt zu werden. Liebesfähig zu werden, muss also ein zentrales Anliegen menschlicher Bildung sein! Und das wird seine positive Wirkung auf unsere Umwelt haben. Denn: «Wie aber der Mensch selbst sich bildet, so wird er die Dinge um sich bilden; jenachdem seine innere geistige Bildung beschaffen ist, wird sein äußeres Schaffen und Gestalten ausfallen.»

Wes Geistes Kind jemand ist, erkennt man an dem, was von ihm ausgeht. Wir sollen Christus ausstrahlen und als getaufte Menschen seine Liebe in Wort und Tat «Fleisch» werden lassen. So werden Menschen an ihn glauben können. Tüchtigkeit und Vollkommenheit im Leben wie im Glauben bleibt Ziel eines lebenslangen Lernens und Strebens, denn: «Vor jedem steht ein Bild des', was er werden soll, solang' er das nicht ist, ist nicht sein Friede voll!» (Angelus Silesius).

Eine neues Gebot gebe ich euch: Liebt einander! Wie ich euch geliebt habe, so sollt auch ihr einander lieben. Daran werden alle erkennen, dass ihr meine Jünger seid: wenn ihr einander liebt.

Johannes 13,34f

Lied

Eines Tages kam einer,
der hatte einen Zauber in seiner Stimme,
eine Wärme in seinen Worten,
einen Charme in seiner Botschaft.

Eines Tages kam einer,
der hatte eine Liebe in seinen Gesten,
eine Güte in seinen Küssen,
eine Brüderlichkeit in seinen Umarmungen.

Alois Albrecht*

Auf das Herz kommt es an

«Die Lebensmitte des Menschen ist sein Herz, ist sein Gemüt. ... Deshalb wird der Mensch auch nach seinem Herzen, nicht nach seinem Kopf gewogen und geschätzt; deshalb ist der Mensch auch gerade soviel wert, als sein Herz wert ist.»

Adolph Kolping

Bei der Arbeit mit den jungen Gesellen hat Adolph Kolping stets auf eine gute Bildung und Ausbildung Wert gelegt. Entfaltung und Entwicklung der geistigen und praktischen Fähigkeiten spielten dabei eine vorrangige Rolle. Unverzichtbar aber war für Adolph Kolping die Förderung der sozialen Kompetenz, wie wir heute sagen würden. Es ging ihm letztlich immer auch um Herzens- und Charakterbildung. Nur so wurden die jungen Leute zu lebenstüchtigen Menschen, die in der Lage waren, mit sich und mit anderen glücklich zu werden.

Das Wort Adolph Kolpings wird uns helfen, uns selbst und andere in rechter Weise einzuschätzen. Es will uns davor bewahren, zu einer einseitigen Bewertung zu kommen, weil nur Verstand, Leistungsfähigkeit und praktischer Nutzen ins Gewicht fallen. Wo bleiben dann die Menschen, die aufgrund ihrer persönlichen Situation und Verfassung diesen Kriterien nicht oder nur unzureichend entsprechen können? Laufen sie nicht Gefahr, als lebens-unwert auf der Strecke zu bleiben? Gut, dass uns Adolph Kolping einen Weg aufzeigt, der uns hilft, den Menschen so zu sehen, wie Gott ihn sieht. Jeder Mensch ist Abbild Gottes. Darin ist sein Wert und seine unantastbare Würde begründet. Und für jeden Menschen hat Jesus Christus sein Leben hingegeben. Das und soviel sind wir Gott wert!

Und vor Gott zählt, was von Herzen kommt, was aus Liebe geschieht. Das Herz ist die Personmitte des Menschen. Wie sein Herz ist, ob weit oder eng, entscheidet darüber, ob sein Denken und Tun gut oder böse ist. Ohne Liebe und Herz ist alles nichts. «Wenn ich in Sprachen der Menschen und der Engel redete... und wenn ich meinen Leib dem Feuer übergäbe, hätte aber die Liebe nicht, nützte es mir nichts» (1 Kor 13,1.3).

Du sollst, den Herrn deinen Gott, lieben mit ganzem Herzen, mit ganzer Seele und mit all deinen Gedanken ... Du sollst deinen Nächsten lieben wie dich selbst. An diesen beiden Geboten hängt das ganze Gesetz samt den Propheten.

Matthäus 22,37.39

«Eine Stelle in der Welt, ein winziges Teilchen wenigstens, können wir verändern: Das ist das eigene Herz.»

Reinhold Schneider

Gebet

Guter Gott!
Du hast ein Herz für uns. Du liebst uns und gehst barmherzig mit unseren Schwächen und Fehlern um. Bilde unser Herz nach deinem Herzen. Stärke die Kräfte des Guten und der Liebe in uns und lass uns immer mehr so werden, wie dein Sohn war, ein Mensch mit einem weiten Herzen. Das erbitten wir durch ihn, unseren Bruder und Herrn. Amen.

Nach Vollkommenheit streben

> «Glücklich aber wird der Mensch, wenn er, zufrieden mit der Stellung, die ihm Gott gegeben, gerade mit Ehren und Treuen den Platz ausfüllt, den die Vorsehung ihm zugewiesen, wenn er sich eifrig bestrebt, tüchtig das zu sein und zu werden, was er sein und werden soll.»

Adolph Kolping

Tüchtigkeit war ein zentrales Wort im Sprachgebrauch Adolph Kolpings. Darin sah er das Ziel persönlichen Strebens und der Erziehung und Bildung. «Sei ein tüchtiger Christ...!» Tüchtigkeit meint eine umfassende Tauglichkeit im Leben und Handeln als Mensch und Christ, in Ehe und Familie, in Beruf und Freizeit, in Gesellschaft und Politik, in Kirche und Kolpingwerk. Dazu gehört die Entfaltung und Entwicklung der eigenen geistigen, sozialen und praktischen Anlagen und Fähigkeiten; das Einbringen von Wissen und Können in die Gestaltung des privaten und öffentlichen Lebens, von Kirche und Gesellschaft. Das aber fällt keinem in den Schoß. «Die Tüchtigkeit aber wird nicht spielend erworben und ist keine Frucht des Leichtsinns, sondern ernster und anhaltender Anstrengungen, Entbehrungen und guter Gewohnheiten.»

Für Adolph Kolping ist Tüchtigkeit ein wesentlicher Teil des menschlichen Strebens nach Vollkommenheit. Und dieses Streben hat er schon sehr früh auf seine Agenda gesetzt. In der Ersteintragung seines Tagebuches am 4. November 1837 lesen wir: «Erst will ich mich bestreben, Mensch zu sein, die hohe Bestimmung desselben begreifen lernen, zu der er geboren ward ... Zufriedenheit will ich in dem Gedanken suchen, alles getan zu haben, was meine Kräfte und mein Wirkungskreis verlangte; außer diesem gibt es keine wahre Zufriedenheit, keine Ruhe für mich.»

Adolph Kolping war zeitlebens ein Streber im positiven Sinne! Er wollte immer mehr das werden, wozu ihn Gott berufen hatte, ein guter Mensch, ein tüchtiger Christ, ein leidenschaftlicher Priester! Maßstab und Ansporn auch für uns auf dem Weg zur Tüchtigkeit im Leben wie im Glauben, zur Vollkommenheit und Heiligkeit!

*A*ngesichts des Erbarmens Gottes ermahne ich euch, meine Brüder, euch selbst als lebendiges und heiliges Opfer darzubringen, das Gott gefällt; das ist für euch der wahre und angemessene Gottesdienst. Gleicht euch nicht dieser Welt an, sondern wandelt euch und erneuert euer Denken, damit ihr prüfen und erkennen könnt, was der Wille Gottes ist: was ihm gefällt, was gut und vollkommen ist.

Römer 12,1f

«Ich will mit der Gnade Gottes zur Vollkommenheit streben, denn auch mir hat der Erlöser gesagt: Tu sequere me! (Du folge mir nach!)»

Adolph Kolping

Gebet

O mein Gott!
Ich glaube an dich; lass mich fester glauben.
Ich hoffe auf dich; lass mich sicherer hoffen.
Ich liebe dich; lass mich inniger lieben.

Auf Treu und Glauben

«Anfangen ist oft das Schwerste, treu bleiben das Beste!»

Adolph Kolping

Adolph Kolping war ein Mann der Treue und der Verlässlichkeit. Was er auch immer ins Auge fasste, das verfolgte er mit großer Konsequenz. Das zeigt sein Einsatz für den Auf- und Ausbau des Gesellenvereins und der Gesellenhäuser. Auch gegen Widerstand und bei Problemen blieb er fest und beharrlich in der Erreichung seiner Ziele. Das lässt sich an seinem persönlichen Lebenslauf ablesen wie auch an seiner Arbeit im Dienst an den jungen Menschen. Er handelte nach dem Grundsatz: «Was du bist, sollst du ganz sein!» Halbheiten und Mangel an Entschlossenheit waren ihm zuwider.

Treue und Verlässlichkeit sind für das menschliche Zusammenleben unverzichtbar, zumal für feste Beziehungen wie Ehe und Partnerschaft, Freundschaft und Familie. Die Treue versprechen heißt: Du kannst mir vertrauen; du kannst dich auf mich verlassen; du darfst mich beim Wort nehmen. In so mancher feierlichen und hochzeitlichen Stunde kommt es zu solch liebevollem Wort-Wechsel. Leider aber kommt es auch allzu oft zum Wort-Bruch. Gegen das Drama und Dilemma von menschlicher Untreue braucht es Beispiele gelebter Treue und Verlässlichkeit, auch durch manche Krise und atmosphärische Störung hindurch. Und wo Versöhnung und Vergebung geschehen, können Treue und Vertrauen neu erstarken.

Im Kolpingwerk hat sich seit 1930 der Gruß eingebürgert: «Treu Kolping – Kolping Treu!» Diese Worte wollen mehr sein als nur ein Gruß beim Kommen und beim Gehen. Sie sind wie ein Credo, wie ein Bekenntnis zu Adolph Kolping und zu seinem Werk. Wer so spricht, nimmt sich in Pflicht, zu Adolph Kolping zu stehen und sich mehr und mehr mit ihm vertraut zu machen; seine Grundsätze und Ziele zu vertreten und zu verwirklichen; nicht zuletzt die Arbeit und Gemeinschaft in der Kolpingsfamilie mitzutragen und mitzugestalten. «Treu Kolping» will im Miteinander der Kolpingschwestern und Kolpingbrüder gelebt werden!

*G*ott ist treu, er bürgt dafür, dass unser Wort euch
gegenüber nicht Ja und Nein zugleich ist. Denn
Gottes Sohn, Jesus Christus ... ist nicht als Ja und Nein
zugleich gekommen; in ihm ist das Ja verwirklicht. Er ist
da Ja zu allem, was Gott verheißen hat. Darum rufen
wir durch ihn zu Gottes Lobpreis auch das Amen.

2 Korinther 1,18–20

*N*ie sollen Liebe und Treue dich verlassen;
binde sie um deinen Hals,
schreib sie auf die Tafel deines Herzens!

Sprichwörter 3,3

Gebet

Treuer Gott!
Im Leben und Sterben deines Sohnes hast du dich
gezeigt als ein treuer und verlässlicher Gott. Auch
wenn wir dir untreu werden in Sünde und Schuld,
stehst du doch in deiner Liebe und Barmherzigkeit zu
uns. Du verlässt uns nicht. Schenke uns den Geist
deines Sohnes, der uns hilft, in Wort, Tat und Leben
treu zu sein. Darum bitten wir durch Christus,
unseren Herrn. Amen.

44. WOCHE

Auf dem Weg zur Heiligkeit

«Wenn uns Gott zur Heiligkeit beruft, wenn die
Heiligkeit die Bedingung unserer Zufriedenheit
hinieden und unseres Glückes in der Ewigkeit ist, was
wird uns dann hindern, Heilige zu werden?»

Adolph Kolping

Falsche oder komische Bilder gehen uns durch den
Kopf bei dem Wort Heiligkeit. Wir denken an die
Säulenheiligen in den Kirchen und fühlen uns von
ihrer Darstellung mehr oder weniger angesprochen.
Nein, auf einen Sockel wollen wir nicht. Und Gott
bewahre uns davor, ein komischer oder trauriger
Heiliger zu werden!

Und doch ist Heiligkeit für uns Christen nichts
Fremdes oder Abwegiges. Sie ist ein Wesensmerk-
mal jedes getauften Menschen. Der Apostel Paulus
schreibt: «Ihr seid von Gott geliebt, seid seine auserwählten Heiligen» (Kol 3,12). Alle Christen sind
durch Glaube und Taufe auf den Weg der Heiligkeit
gestellt. Und ihr Streben nach Heiligkeit und Vollkommenheit ist kein christlicher Sonderweg, sondern der eigentliche Weg jedes getauften Menschen

in der Nachfolge Jesu. Heilig werden wir, indem wir Christus immer ähnlicher werden, also in der Liebe zu Gott und zum Nächsten wachsen und reifen und durch unser alltägliches Leben an Gott erinnern, der einzig und vollkommen heilig ist und von dem alle Heiligkeit in unserer Welt kommt. Auf dem Weg zur Heiligkeit wollen und sollen die von der Kirche selig- und heiliggesprochenen Christen für uns Vorbild und Fürsprecher sein.

Zu ihnen gehört Adolph Kolping. Er wurde am 27. Oktober 1991 «zur Ehre der Altäre erhoben». Sein Glaubens- und Lebensbeispiel ist eine Mustervorlage für unseren eigenen Weg als Jüngerinnen und Jünger Jesu heute. Sein Streben nach Vollkommenheit hat er auf zutiefst menschliche Weise und im Bewusstsein seiner eigenen Schwächen und Fehler gelebt und verwirklicht. In seiner Liebe und Leidenschaft gerade zu den jungen Menschen «auf der Walz» hat er die Erfüllung seines Lebens gefunden. «Zufriedenheit will ich in dem Gedanken suchen, alles getan zu haben, was meine Kräfte und mein Wirkungskreis verlangte; außer diesem gibt es auch keine wahre Zufriedenheit, keine Ruhe für mich», schreibt Adolph Kolping in seiner ersten Tagebucheintragung am 4. November 1837.

Gepriesen sei der Gott und Vater unseres Herrn Jesus Christus. Er hat uns mit allem Segen seines Geistes gesegnet durch unsere Gemeinschaft mit Christus im Himmel. Denn in ihm hat er uns erwählt vor der Erschaffung der Welt, damit wir heilig und untadelig leben vor Gott…

Epheser 1,3f

«Wahre Heiligkeit besteht darin, den Willen Gottes lächelnd zu tun.»

Mutter Teresa

Gebet

Heiliger Gott!
Dein Sohn hat uns gesagt: «Ihr sollt vollkommen sein, wie es euer himmlischer Vater ist!» Schenke uns die Kraft und den Willen, dass wir dir als dein Abbild immer ähnlicher werden. Lass uns dabei auf deinen Sohn schauen, von dem wir lernen können, dich und die Menschen von ganzem Herzen zu lieben. Erbarme dich unserer Schwäche und vollende unser Leben und Tun in deiner Liebe, der du unser Gott bist in Zeit und Ewigkeit. Amen.

Sterben heißt heimgehen

«Mir kommt das Sterben immer leichter vor, wenn ich ans Wiedersehen so vieler denke, die mir nun vorangegangen sind und die im Leben meinem Herzen nahegestanden.»

Adolph Kolping

Unser Leben ist wie ein Weg, der zwischen Geburt und Tod verläuft. Und jeder von uns hat seinen je eigenen Lebensweg und Lebenslauf. Von mancherlei Abschied ist er begleitet und geprägt. Und schließlich heißt es, alles loszulassen, wenn der Tod in unser Leben tritt. Die irdischen Wohnungen, in denen wir nur zu Gast auf Erden waren, müssen wir verlassen. Und für den, der glauben kann, tun sich neue Welten auf. Die Pilgerschaft zwischen Geburt und Tod mündet ein in die ewige Heimat bei Gott. Ja, unsere Heimat ist der Himmel (vgl. Phil 3,20). Dorthin sind uns, wie wir hoffen, unsere lieben Verstorbenen vorausgegangen. Und dorthin führt auch unser Weg, wenn wir unser Leben nach dem Willen Gottes ausrichten, wenn wir Jesus Christus nachfolgen und in der Liebe zu Gott und zu den Menschen bleiben. Letztlich aber werden wir wie Bettler vor Gott stehen. Er wird unsere leeren Hände mit dem Reichtum seines Erbarmens und seiner Liebe füllen.

Adolph Kolping lebte aus der gläubigen Gewissheit, dass sein Leben und Streben durch und in Gott ihr Ziel und ihre Erfüllung und Vollendung finden werden. Er war von der Hoffnung beseelt, dass er alle, mit denen er im Leben verbunden war, einmal wiedersehen werde. Der Tod war für ihn wie eine Schwelle zwischen Diesseits und Jenseits. Die Toten sind nicht weg-, sondern voraus- und hinübergegangen.

Als 20-Jähriger musste Adolph Kolping von seiner Mutter Abschied nehmen. Er widmete ihr ein Gedicht mit dem Titel «Am Grabe meiner geliebten Mutter». Von den insgesamt 26 Strophen seien hier zwei zitiert:

«Liebe Mutter, zwar entschwunden
Bist du mir auf Lebenszeit,
Doch hab' ich dich aufgefunden
In des Himmels Herrlichkeit.

Dann erfüllet süß' Entzücken
Uns die Seele insgesamt,
Ew'ge Freud' an Gottes Blicken
Der uns mehr und mehr entflammt.»

Wir wissen: Wenn unser irdisches Zelt abgebrochen wird, dann haben wir eine Wohnung von Gott, ein nicht von Menschenhand errichtetes ewiges Haus im Himmel … Wir sind also immer zuversichtlich, auch wenn wir wissen, dass wir fern vom Herrn in der Fremde leben, solange wir in diesem Leib zu Hause sind; denn als Glaubende gehen wir unseren Weg, nicht als Schauende. Weil wir aber zuversichtlich sind, ziehen wir es vor, aus dem Leib auszuwandern und daheim beim Herrn zu sein.

2 Korinther 5,1.6–8

«Gott, du hast uns zu dir hin geschaffen und unruhig ist unser Herz, bis es ruht in dir.»

Augustinus

Gebet

Guter Gott!
Wir sind Menschen des Weges. Wir gehen durch Zeit und Raum und hoffen, in dir das Ziel unseres Lebens zu finden und zu erreichen. Begleite uns auf unserer Pilgerschaft und schenke uns einst eine ewige Heimat bei dir. Erfülle unsere Sehnsucht nach einem Wiedersehen mit allen, die ein Stück unseres Weges mit uns geteilt haben und uns im Tod vorausgegangen sind. Das erbitten wir durch Christus, unseren Herrn. Amen.

Im Tod ist das Leben

«Ist es nicht ein herrlicher Gedanke, den das
Christentum uns so nahelegt, dass diejenigen, die im
Leben hienieden sich gegenseitig zum Heil verholfen,
drüben sich wiederfinden, wo unzerreißbare Bande
ewiger Freundschaft die Kinder Gottes miteinander
verbinden? Das ist der beste Trost beim Andenken an
unsere Hingeschiedenen.»

Adolph Kolping

Gegen den Tod ist kein Kraut gewachsen, so sagt
man. Wir Christen aber glauben, dass das Kreuz Jesu
für uns der Baum des Lebens ist. Jesus Christus hat
durch sein Sterben am Kreuz die Endgültigkeit unseres leiblichen Todes überwunden. In seinem Tod
ist der menschliche Tod gestorben. Hinter der Dun-
kelheit und Finsternis des Karfreitag leuchtet bereits
die Sonne des österlichen Morgens auf.

Im Geschehen der Taufe hat sich Jesu Tod und
Auferstehung sakramental an uns ereignet. Wir sind
der Sünde gestorben und zum Leben der Gnade
auferstanden. Das Zeichen des Kreuzes, in dem wir
getauft wurden, ist für unser Leben von Anfang bis
Ende zu einem positiven Vorzeichen geworden. Es
bleibt zwar die Erfahrung mit Tod und Vergänglich-

keit. Dieses Schicksal teilen wir mit allen Menschen. Doch für den, der an den Gott des Lebens glaubt, hat der Tod seine Absolutheit verloren. Bei unserer Taufe wurde der Keim der Unsterblichkeit und des ewigen Lebens in uns eingesenkt.

Aus dieser Mitte des Glaubens, aus der Hoffnung auf die eigene Auferstehung hat Adolph Kolping gelebt und gewirkt. Er hat dem Tod in seiner vielfältigen Gestalt den Kampf angesagt und Samenkörner der Hoffnung ausgestreut. Durch sein pädagogisches und soziales Engagement hat er viele der jungen Handwerksgesellen vor dem menschlichen und moralischen, geistigen und seelischen Niedergang bewahrt und ihre Lebens- und Zukunftschancen verbessert. Durch seine Liebe kamen sie wieder auf die Beine, schöpften sie neuen Mut. Im Sterben für andere, in der liebenden Hingabe des Herzens bricht neues Leben auf! Darin liegt das Geheimnis des Weizenkorns, das in die Erde fällt und stirbt. So bringt es reiche Frucht (vgl. Joh 12,24).

Wir wissen, dass wir aus dem Tod in das Leben hinübergegangen sind, weil wir die Brüder lieben. Wer nicht liebt, bleibt im Tod.

1 Johannes 3,14

«Der Tod ist die uns zugewendete Seite jenes
Ganzen, dessen andere Seite Auferstehung heißt.»

Romano Guardini

Lied

Das Weizenkorn muss sterben,
sonst bleibt es ja allein;
der eine lebt vom andern,
für sich kann keiner sein.
Geheimnis des Glaubens: im Tod ist das Leben.

Als Brot für viele Menschen
hat uns der Herr erwählt;
wir leben füreinander,
und nur die Liebe zählt.

*Lothar Zenetti**

Einander trösten

«Trost spenden, Liebe geben ist für ein leidvolles Herz
noch immer der beste Balsam, fühlt man doch das
eigene Leid weniger, wenn man das Leid eines
anderen mitträgt.»

Adolph Kolping

Die Bilder von weinenden Menschen sind uns vertraut. Tränen sind auch uns nicht fremd. Tränen
des Leids und des Schmerzes, der Trauer und des
Abschieds. Solche Tränen lügen nicht. Der Verlust
an Leben und Liebe, an Freude und Hoffnung, an
Treue und Vertrauen stürzt uns in Trauer und Klage. Und immer stirbt da etwas, was uns so wertvoll
und so wichtig war. Immer ist da der Tod im Spiel.
Gut ist es, in solch schwierigen Zeiten Menschen zu
kennen, in deren Armen wir uns ausweinen können; Menschen, die sich ihrer eigenen Tränen nicht
schämen und die die Tränen anderer zu trocknen
verstehen.

Adolph Kolping war ein leiderfahrener und leid-
geprüfter Mensch. Am eigenen Leib hat er Krank-
heiten und Schmerzen getragen. Und der Abschied
von lieben und vertrauten Menschen blieb ihm nicht
erspart. Das eigene Leid hat ihn befähigt, Mitleid

zu haben mit der Not und dem Schicksal anderer. So nahm er vor allem das Elend der wandernden Handwerksgesellen in den Blick. Sie liefen Gefahr, menschlich und moralisch, innerlich und äußerlich, religiös und charakterlich zu verkommen. Als Priester hatte Adolph Kolping Mitleid mit ihnen; ein Mitleid, das eine geradezu leidenschaftliche Sorge um das Wohl und Wehe der jungen Menschen in ihm bewirkte. Er half ihnen durch den Zusammenschluss im Gesellenverein und den Bau von Gesellenhäusern, durch Bildung und Beheimatung, tüchtige und taugliche Menschen zu werden und auf eigenen Füßen durchs Leben zu gehen.

Das war keine Vertröstung, sondern echter und konkreter Trost, den er vermittelte; Trost, weil sie sich trauten, ihr Leben selbst in die Hand zu nehmen und zu gestalten. So handelte Adolph Kolping ganz im Sinne Jesu. Auch er kannte Leid und Schmerz, Trauer und Abschied. So tröstete er die weinenden Frauen, und das unter der schweren Last des Kreuzes auf dem Weg nach Golgota. Und wie sehr hat er den Tod seines Freundes Lazarus beweint und seine Schwestern Marta und Maria getröstet!

Trost, echten Trost spenden, das wird auch immer wieder unsere Aufgabe sein. Den Schmerz anderer teilen; bei ihnen bleiben im Dunkel der Ängste und der Fragen, der Einsamkeit und Enttäuschung. Nicht vertrösten auf bessere Zeiten, sondern wirklich trösten, das heißt Vertrauen zu sich selbst, zum Leben und zu Gott neu wecken, darauf kommt's an!

Gepriesen sei der Gott und Vater Jesu Christi, unseres Herrn, der Vater des Erbarmens und der Gott allen Trostes. Er tröstet uns in all unserer Not, damit auch wir die Kraft haben, alle zu trösten, die in Not sind, durch den Trost, mit dem auch wir von Gott getröstet werden. Wie uns nämlich die Leiden Christi überreich zuteil geworden sind, so wird uns durch Christus auch überreicher Trost zuteil.

2 Korinther 1,3–5

«Trösten ist eine Kunst des Herzens. Sie besteht oft nur darin, liebevoll zu schweigen und schweigend mitzuleiden.»

Otto von Leixner

Lied

Komm herab, o Heilger Geist,
der die finstre Nacht zerreißt,
strahle Licht in diese Welt.
Höchster Tröster in der Zeit,
Gast, der Herz und Sinn erfreut,
köstlich Labsal in der Not.
In der Unrast schenkst du Ruh,
hauchst in Hitze Kühlung zu,
spendest Trost in Leid und Tod.

Hymnus «Veni Sancte Spiritus»
Deutsche Übersetzung: Marie-Luise Thurmair*

Dem Ziel entgegen

«Solange uns Gott Kräfte verleiht, schaffen wir rüstig und wohlgemut weiter. Die Zukunft gehört Gott und den Mutigen; und Mut, nun den haben wir Gott sei Dank noch!»

Adolph Kolping

Diese Worte richtet Adolph Kolping in einem Brief an den Reichstagabgeordneten August Reichensberger. Darin setzt er sich mit der politischen und geistigen Situation Deutschlands auseinander. Adolph Kolping ließ sich durch nichts und niemanden in seinem Gottvertrauen erschüttern. «Haben wir nur guten Mut und Gottvertrauen, dann werden wir sicher nicht zuschanden.» Bei aller Bedrohtheit und Vergänglichkeit der Welt ist es Gott, der bleibt und der uns im Sein erhält.

In diesen Tagen bedenken wir mit der Kirche, wie unser Leben von Jahr zu Jahr einem letzten Ziel entgegen schreitet. In der Liturgie feiern wir das Fest Christkönig und erinnern uns an die Zusage Jesu, dass er wiederkommen wird, um die Welt zu vollenden. Auf diesen Tag hin bleiben wir als Volk Gottes unterwegs durch Zeit und Raum, durch die Geschichte und mancherlei Geschehnisse. Und unser Auftrag ist es, mitzuarbeiten am Aufbau des Reiches Gottes mitten in unserer Welt. Das geschieht, wo und wann immer wir für Wahrheit und Gerechtigkeit, für Frieden und Versöhnung, für Menschlichkeit und Liebe eintreten.

Adolph Kolping wusste um diesen Weltauftrag. Und deshalb hat er sich als Priester so sehr für bessere Lebensbedingungen und Zukunftschancen der jungen Gesellen engagiert. Für ihn waren Liturgie und Diakonie, Gottesdienst und Weltdienst die beiden unzertrennbaren Seiten ein und derselben Medaille. Der wiederkommende Christus wird danach fragen, ob wir ihn in den notleidenden Schwestern und Brüdern erkannt haben (vgl. Mt 25,31–46). «Des Christentums höchste Pflicht ist Menschenliebe, die Gottesliebe bedingt sie untrennbar von sich.»

Wie Adolph Kolping gehen auch wir Jahr für Jahr dem letzten Ziel, der Wiederkunft Christi, entgegen. Wir tun es mit Mut und Gottvertrauen. Wir wollen es in der frohen Gewissheit tun, dass uns Christus entgegenkommt. Er, der immer bei uns ist, wenn wir in der Gemeinschaft der Kirche auf sein Wort hören und ihn im Brechen des Brotes empfangen, wenn wir einander in Liebe zugetan sind und besonders den Menschen in Not zu Hilfe kommen.

Da hörte ich eine laute Stimme vom Thron her rufen: *Seht, die Wohnung Gottes unter den Menschen! Er wird in ihrer Mitte wohnen, und sie werden sein Volk sein; und er, Gott, wird bei ihnen sein. Er wird alle Tränen von ihren Augen abwischen. Der Tod wird nicht mehr sein, keine Trauer, keine Klage, keine Mühsal. Denn was früher war, ist vergangen. Er, der auf dem Thron saß, sprach: Seht, ich mache alles neu.*

Offenbarung 21,3–5

«Das Leben ist Gottes Ziel mit uns.»

Dietrich Bonhoeffer

Gebet

Herr,
du bist der Kommende. Wir sind die Gehenden. Du bist unser Ziel. Du bist unsere Zukunft. Schenke uns Mut und Kraft mitzuhelfen, dass deine Verheißung sich erfüllt. Lass uns mitbauen an der Stadt des Friedens, an der neuen Schöpfung, in der du alles in allem bist. Sei und bleibe bei uns in Zeit und Ewigkeit. Amen.

Ein Rufer in der Wüste

«Besser, ich schreibe, so gut ich´s weiß und kann, die Wahrheit, auch wenn sie nicht allen Leuten gefällt, halte mich an unseren Herrgott und schäme mich seiner, seines Glaubens und seiner Gebote gar nicht ...; besser, ich suche den Leuten wirklich zu nützen, als bloß zu gefallen ...»

Adolph Kolping

Adolph Kolping schrieb diese Worte zum Beginn des Jahres 1855. Sie klingen wie eine Vergewisserung und Selbstermutigung. Adolph Kolping wusste sich in seiner Zeit auf den Plan gerufen, um Missstände anzuprangern und ungerechte Verhältnisse zu kritisieren. Es waren vor allem die unmenschlichen Lebensbedingungen, unter denen die Arbeiter und Arbeiterfamilien seinerzeit ihr Leben fristen mussten. Sie waren damals die Fortschrittsverlierer. Sie hatten unter den ungerechten und unsozialen Folgen der Industrialisierung besonders zu leiden. Sie wurden wirtschaftlich ausgebeutet und sozial ausgegrenzt. Auch die jungen Handwerksgesellen bekamen die Härte der sogenannten Arbeiterfrage zu spüren.

Adolph Kolping wurde in dieser Zeit zum Stein des Anstoßes für seine Kirche. Er prangerte ihre weithin verbreitete Untätigkeit angesichts der Not der Menschen an. Mit scharfen Worten brandmarkte er die unheilvolle «Trennung der Religion von allen sogenannt bloß irdischen Fragen» als die große allgemeine Versündigung an der Gesellschaft. Adolph Kolping nannte die Missstände beim Namen, sowohl das Gettoverhalten der Kirche wie auch die fortschreitende religiöse Versteppung der Gesellschaft. Er war wie ein einsamer Rufer in der Wüste seiner Zeit.

Adolph Kolping war eine Art Johannes der Täufer. Wie dieser rief auch er zum Umdenken auf, rüttelte er die Kirchen und Christen wach, damit sie ihre Verantwortung für die Menschen am Rande erkannten und wahrnahmen. Wörtlich: «Wir sind der festen Überzeugung, dass ein gewaltig christlich-sozialer Fehler dadurch geschehen ist, dass man sich zur Zeit entweder gar nicht oder doch in ganz verkehrter Weise um die Arbeiter bemüht hat.»

Adolph Kolping sah die Glaubwürdigkeit der Kirche auf dem Spiel. Und deshalb machte er sich den Ruf Johannes' des Täufers zu eigen: «Kehrt um! Denn das Himmelreich ist nahe» (Mt 3,2). So hat er durch sein soziales Engagement dem Herrn die Wege zu den Menschen bereitet. Und so ist er eine durch und durch adventliche Gestalt!

*B*edenkt die gegenwärtige Zeit: Die Stunde ist gekommen, aufzustehen vom Schlaf. Denn jetzt ist das Heil uns näher, als zu der Zeit, da wir gläubig wurden. Die Nacht ist vorgerückt, der Tag ist nahe.

Römer 13,11f

Gebet

Heiliger Gott!
Immer wieder rufst du Menschen, die in deinem Auftrag zur Umkehr mahnen. Durch Wort und Beispiel offenbaren sie deinen Willen und nennen beim Namen, was deiner Ehre und dem Wohl des Menschen widerspricht. Lass auch uns zu solch mutigen Bekennern des Glaubens gehören und gegen das Böse in jedweder Gestalt unsere Stimme erheben. Darum bitten wir durch Christus, unseren Herrn. Amen.

50. WOCHE

Sehnsucht nach dem Paradies

> «Es ist schon eine uralte Geschichte, sie geht sogar bis an die Schwelle des verschlossenen Paradieses zurück, dass das menschliche Herz vorzüglich von der Hoffnung lebt, von der Zukunft darum immer Anderes, versteht sich Besseres erwartet.»

Adolph Kolping

Advent – eine Zeit der Stille und Besinnung. Leider jedoch auch eine Zeit voller Unruhe und hektischen Treibens. Die äußere Hast und Hetze überspielt mehr oder weniger bewusst eine tiefere, uns Menschen innewohnende Sehnsucht, die Sehnsucht nach einer heilen Welt, nach einem Leben in Harmonie mit sich selbst, mit anderen und mit Gott. Es ist die Sehnsucht nach einem Stück Himmel auf Erden, letztlich nach dem Paradies, das durch das Nein der Sünde von «Adam und Eva» verlorengegangen ist.

Der jährliche Advent erinnert uns daran, dass Gott ein neues Wort gesprochen hat, um das menschliche Nein des Anfangs durch sein Ja in der Mitte der Zeit aufzuheben. In der Geburt seines Sohnes, in seinem Kommen als Messias hat Gott unsere

Sehnsucht nach Rettung und Heil erfüllt. Jesus hat alles wieder gutgemacht, was wir Menschen durch Sünde und Schuld, durch unser Nein zum Willen Gottes verdorben haben und es immer wieder tun. Der Advent will helfen, dass die Hoffnung auf eine bessere Welt, dass die Sehnsucht nach dem umfassenden Heil nicht stirbt und erlischt. Ja, er will uns daran erinnern, dass nach einem Wort des heiligen Augustinus, wir Menschen Gottes Sehnsucht sind. Gott selbst hat Sehnsucht nach uns. Deshalb ist er in seinem Sohn einer von uns geworden, ein Mensch aus Fleisch und Blut.

Adolph Kolping war ein Mensch, der aus der Hoffnung auf Gottes Verheißung gelebt hat; jene Verheißung von Erlösung und Heil des Menschen und der Welt. Und er hat nicht nur von einer besseren Welt geträumt. Vielmehr hat er Hand angelegt und auf seine Weise geholfen, dass Menschen besser, hoffnungsvoller und menschenwürdiger leben konnten. Der Gesellenverein war dabei wie ein Instrument des Heiles und der Heilung für eine kranke und unerlöste Welt. Adolph Kolping war davon überzeugt: «Nur die besseren Menschen machen die Zeiten besser, und bessere Menschen macht nur das treu geübte Christentum.»

Ich bin überzeugt, dass die Leiden der gegenwärtigen Zeit nichts bedeuten im Vergleich zu der Herrlichkeit, die an uns offenbar werden soll. Denn die ganze Schöpfung wartet sehnsüchtig auf das Offenbarwerden der Söhne Gottes. Die Schöpfung ist der Vergänglichkeit unterworfen, nicht aus eigenem Willen, sondern durch den, der sie unterworfen hat; aber zugleich gab er ihr Hoffnung: Auch die Schöpfung soll von der Sklaverei und Verlorenheit befreit werden zur Freiheit und Herrlichkeit der Kinder Gottes. Denn wir wissen, dass die gesamte Schöpfung bis zum heutigen Tag seufzt und in Geburtswehen liegt.

Römer 8,18–22

Lied

«Tauet, Himmel, den Gerechten;
Wolken, regnet ihn herab!»,
rief das Volk in bangen Nächten,
dem Gott die Verheißung gab:
einst den Mittler selbst zu sehen
und zum Himmel einzugehen,
denn verschlossen war das Tor,
bis der Heiland trat hervor.
Denn verschlossen war das Tor,
bis der Heiland trat hervor.

Michael Dennis

Menschen beheimaten

«Wir Menschen können untereinander das Vertrauen
zueinander nun einmal nicht missen, und wenn
dieses erschüttert wird, stürzt ein Hauptfeiler
unserer gesellschaftlichen Zustände zusammen.»

Adolph Kolping

Mit unserer Geburt traten wir aus der Geborgenheit des Mutterschoßes. Seitdem sind wir als «un-
behauste Wesen» auf der Suche nach Beheimatung,
nach einem physischen, seelischen und auch religiösen Zuhause. Wir suchen nach einem Ort, wo wir
mit Goethe sagen können: «Hier bin ich Mensch,
hier darf ich's sein». Wir kranken daran, wir haben
Heimweh, wenn wir erleben müssen, irgendwie
doch immer draußen vor der Tür zu sein. Wo aber
Menschen einander vertrauen, sich aufeinander ein-
lassen, da geschieht Beheimatung.

Das jährliche Weihnachtsfest spricht diese unsere
Sehnsucht nach Heimat und Geborgenheit an. Gott
selbst ist in seinem Sohn auf Herbergssuche. Er sucht
und bittet um Einlass in unser Leben, in unsere klei-
ne und große Welt. Er klopft an die Türen unserer
Häuser und Herzen. Wird er wie damals das Schicksal erleiden, dass er auf verschlossene Türen stößt?

«Er kam in sein Eigentum, aber die Seinen nahmen ihn nicht auf (Joh 1,11). Gott wird da wohnen, wo man ihn einlässt und wo wir anderen Menschen Platz und Raum geben.

Das war das besondere Anliegen Adolph Kolpings, Menschen zu beheimaten; den jungen Handwerksgesellen ein «Familienhaus in der Fremde» anzubieten. Und so betrieb er mit ganzer Kraft und mit viel Herzblut die Gründung von Gesellenvereinen und den Bau von Gesellenhäusern. Gemeinschaft und Zusammengehörigkeit sollten die jungen Leute erleben, die «auf der Walz» waren. Beheimatet sollten sie sein im Glauben, aber auch in der Annahme und Wertschätzung durch andere. Das Verdienst Adolph Kolpings kommt im Kolping-Grablied so zum Ausdruck:

«Einst war's um uns Burschen gar trostlos
    bestellt,
wir waren verstoßen und fremd in der Welt.
Da tat er sein Haus auf und rief uns hinein,
wollt mehr noch als Vater und Mutter uns sein.»

Von den Patriarchen heißt es: Voll Glauben sind diese alle gestorben, ohne das Verheißene erlangt zu haben; nur von fern haben sie es geschaut und gegrüßt und haben bekannt, dass sie Fremde und Gäste auf Erden sind. Mit diesen Worten geben sie zu erkennen, dass sie eine Heimat suchen. Hätten sie dabei an die Heimat gedacht, aus der sie weggezogen waren, so wäre ihnen Zeit geblieben zurückzukehren; nun aber streben sie nach einer besseren Heimat, nämlich der himmlischen.

Hebräer 11,13–16

«Gottes Sohn wurde geboren, damit der Mensch Heimat habe in Gott.»

Hildegard von Bingen

Lied

Nahe wollt der Herr uns sein, nicht in Fernen wohnen.
Unter Menschen wie ein Mensch hat er wollen
    wohnen.
Mitten unter uns steht er, den ihr nicht kennt.

Überall ist er uns nah, menschlich uns zugegen.
Unerkannt kommt er zu uns auf verborgnen Wegen.

Freuet euch, von Sorge frei; tragt vor ihn die Bitte,
dass er uns ganz nahe sei, wohn in unsrer Mitte.

Huub Oosterhuis*

51. WOCHE

Ein Gott mit uns und unter uns

«Ist Gottes Sohn denn bloß vom Himmel gekommen und Mensch geworden, um uns alleine und einzig vom Himmel, dem jenseitigen Leben zu erzählen oder nicht auch darum, die menschliche Gesellschaft auf Erden auf bessere und glücklichere Bahnen zu leiten?»

Adolph Kolping

Dieses Wort von Adolph Kolping macht deutlich, weshalb und wozu Gott in seinem Sohn einer von uns geworden ist. Er stieg herunter, um unser Los zu teilen. Er nahm ganz und gar an unserem Leben teil, an unserer Freude und Hoffnung, an unserer Trauer und Angst. Der Christushymnus des Philipperbriefes (Phil 2) bringt in großartiger Weise die «Herablassung» Jesu auf unser irdisches Dasein zum Ausdruck. Radikal und konsequent war sein Seitenwechsel im Gehorsam gegenüber dem Willen des Vaters bis hinein in die Schmach des Kreuzes. Jesu Menschwerdung ist nicht der Beginn einer flüchtigen Stippvisite, sondern der Anfang eines beschwerlichen Dienstweges zu unserer Rettung und zu unserem Heil. Dieser Weg endete im letzten Atemzug auf Golgota. Jesu Weg war eine Karriere nach unten. Und das alles geschah einzig und allein aus Liebe und Sympathie für uns und zu unserer Erlösung. Krippe und Kreuz – beide sind aus dem gleichen Holz, dem Holz der Liebe geschnitzt!

Adolph Kolping ist offensichtlich vom Weg Jesu zu den Armen beeindruckt und fasziniert gewesen. Der Ruf Jesu «Du folge mir nach» sollte sich im Leben und Handeln Adolph Kolpings ganz deutlich niederschlagen. Denn auch er hat radikal und konsequent einen Seitenwechsel zu denen vollzogen, die in seiner Zeit zu den Armen und Entrechteten gehörten. Mit ihnen, den jungen Gesellen, hat er sich verbündet und verbrüdert. Ihnen hat er sich zugesellt und zugeneigt. Sie fanden seine Zuneigung und Liebe, und so konnten sie spüren und erahnen, dass der menschgewordene Gott sein Zelt unter ihnen aufgeschlagen hatte. An diesem «heruntergekommenen» Gott konnten sie sich aufrichten!

Fürchtet euch nicht, denn ich verkünde euch eine große Freude, die dem ganzen Volk zuteil werden soll: Heute ist euch in der Stadt Davids der Retter geboren; er ist der Messias, der Herr. Und das soll euch als Zeichen dienen: Ihr werdet ein Kind finden, das in Windeln gewickelt, in einer Krippe liegt.

Lukas 2,10–12

52. WOCHE

Ein Schüler kam zum Rabbi und fragte: «Früher gab es Menschen, die Gott von Angesicht zu Angesicht gesehen haben. Warum gibt es die heute nicht mehr?» Darauf antwortete der Rabbi: «Weil sich niemand mehr so tief bücken kann!»

Lied

Sehet dies Wunder,
wie tief sich der Höchste hier beuget.
Sehet die Liebe, die endlich als Liebe sich zeiget.
Gott wird ein Kind, träget und hebet die Sünd.
Alles anbetet und schweiget.

Gott ist im Fleische.
Wer kann dies Geheimnis verstehen?
Hier ist die Pforte des Lebens nun offen zu sehen.
Gehet hinein, eins mit dem Kinde zu sein,
die ihr zum Vater wollt gehen.

Gerhard Tersteegen

Bibelstellenverzeichnis

Stichwortverzeichnis

Copyrighthinweise

Zitierte Texte, die durch einen mit Asterikus (*) gekennzeichneten Autorennamen ausgewiesen sind, sind urheberrechtlich geschützt. Die in den folgenden Copyrighthinweisen nachgewiesenen Quellen und Rechtsträger sind Bestandteil dieser Namensnennung und gelten als auf den verwiesenen Seiten unmittelbar im Anschluss an den Autorennamen aufgeführt.

S. 60: Friedrich Dörr (aus: «Ich bin getauft auf Christi Tod»)
© Rechtsnachfolge Friedrich Dörr

S. 66: Kurt Rommel («Herr, gib uns Mut zum Hören»)
© Strube-Verlag München-Berlin

S. 73: Eckart Bücken («Einer hat uns angesteckt»). Quelle: Latein-
amerikanische Beatmesse, 1977, Musik von Oskar Gottlieb Blarr.
© Alle Rechte im tvd-Verlag Düsseldorf

S. 85: Huub Oosterhuis (aus: «Ich steh vor dir mit leeren Händen,
Herr»), alle Texte Huub Oosterhuis: Leerhuis en Liturgie, Ams-
terdam. Deutsche Übersetzung: Lothar Zenetti © Christophorus
Verlag, Freiburg

S. 94: Martin Jentzsch («Brich dem Hungrigen dein Brot»)
© Verlag Merseburger, Kassel

S. 97: Claus-Peter März («Wenn das Brot, das wir teilen») © beim Autor

S. 103: Redaktionsteam Neue Stadt («Die Erde ist schön»). Quelle:
Lieder einer neuen Generation. © Verlag Neue Stadt München,
4. Auflage 1997, 18.

S. 125: Reinhard Bäcker (aus «Eine Handvoll Erde», Musik von Det-
lev Jöcker). Quelle: Das Liederbuch zum Umhängen 1. © Men-
schenkinder Verlag und Vertrieb GmbH, Münster

S. 134: Alois Albrecht («Eines Tages kam einer») © Peter Janssens
Musik Verlag, Telgte-Westfalen

S. 152: Lothar Zenetti («Das Weizenkorn muss sterben») © Strube
Verlag München-Berlin

S. 155: Deutsche Übersetzung des »Veni Sancte Spiritus»: Marie-
Luise Thurmair © Christophorus Verlag, Freiburg

S. 167: Huub Oosterhuis («Nahe wollt der der Herr uns sein»), alle
Texte Huub Oosterhuis: Leerhuis en Liturgie, Amsterdam. Übersetzung: Nicolas Schalz. © Christophorus Verlag, Freiburg.

Quellenverzeichnis

Aus den Schriften Adolph Kolpings
Die Impulse aus dem Schrifttum von Adolph Kolping sind
entnommen aus: Kolping-Schriften (KS), Feierstunde, Beilage zum
Rheinischen Kirchenblatt 1851–1853 (FSt), Rheinische Volksblätter
1854–1865 (RV), Katholischer Volkskalender 1851–1865 (VK).

Woche 1: KS 4, S. 365; *Woche 2:* KS 4, S. 118; *Woche 3:* KS 4, S. 262; KS 2, S. 432; *Woche 4:* KS 5, S. 219; *Woche 5:* RV 1858, S. 444; KS 3, S. 134; *Woche 6:* RV 1861, S. 676; *Woche 7:* KS 4, S. 362; *Woche 8:* KS 4, S. 301; KS 3, S. 66; *Woche 9:* KS 3, S. 224; *Woche 10:* KS 4, S. 32; KS 9, S. 233; *Woche 11:* KS 2, S. 249; *Woche 12:* KS 9, S. 193; *Woche 13:* KS 2, S. 184; *Woche 14:* KS 9, S. 265; *Woche 15:* KS 5, S. 364; *Woche 16:* KS 4, S. 126, 49; KS 1, S. 238; *Woche 17:* KS 3, S. 16; *Woche 18:* VK 1852, S. 30; KS 2, S. 213; *Woche 19:* KS 2, S. 232; *Woche 20:* FSt. 1851, S. 158; *Woche 21:* KS 4, S. 190, RV 1865, S. 101; *Woche 22:* KS 3, S. 104, 27; *Woche 23:* KS 5, S. 252; KS 4, S. 87; *Woche 24:* KS 2, S. 360, 347; *Woche 25:* KS 4, S. 205, 96; *Woche 26:* KS 5, S. 3; KS 4, S. 32; *Woche 27:* VK 1852, S. 20; *Woche 28:* RV 1857, S. 497 f.; *Woche 29:* KS 1, S. 92; KS 7, S. 119; *Woche 30:* RV 1854, S. 186; *Woche 31:* KS 3, S. 125; KS 2, S. 132; *Woche 32:* KS 3, S. 144; KS 2, S. 267; *Woche 33:* VK 1863, S. 56; RV 1863, S. 517; *Woche 34:* KS 3, S. 149; 194; *Woche 35:* VK 1864; S. 3; KS 5, S. 33; *Woche 36:* KS 3, S. 117; KS 4, S. 42; RV 1854, S. 213; *Woche 37:* VK 1861, S. 3; KS 2, S. 295 f.; *Woche 38:* KS 4, S. 126; *Woche 39:* KS 4, S. 135, 136; 138; *Woche 40:* KS 4, S. 144 f; KS 9, S. 356 f.; *Woche 41:* KS 9, S. 33 f.; *Woche 42:* KS 3, S. 66; KS 5, S. 293; KS 1, S. 13; *Woche 43:* KS 5, S. 275; *Woche 44:* RV 1858, S. 309; KS 1, S. 13; *Woche 45:* KS 2, S. 539; KS 1, S. 212; *Woche 46:* RV 1858, S. 536; *Woche 47:* VK 1852, S. 20; *Woche 48:* KS 2, S. 371; 192; *Woche 49:* KS 4, S. 172; *Woche 50:* KS 4, S. 332; *Woche 51:* RV 1856, S. 659; *Woche 52:* RV 1865, S. 86.

Aus dem Gotteslob

Die auf den aufgeführten Seiten abgedruckten Texte finden Sie auch im «Gotteslob. Katholisches Gebet- und Gesangbuch» unter den angegebenen Nummern.

S. 24 (Gotteslob 622), S. 42 (Gotteslob 165), S. 51 (Gotteslob 626), S. 54 (Gotteslob 220), S. 60 (Gotteslob 635.3), S. 70 (Gotteslob 783.5), S. 85 (Gotteslob 621.3), S. 88 (Gotteslob 615.1), S. 94 (Gotteslob 618), S. 100 (Gotteslob 29.3), S. 140 (Gotteslob 4.1), S. 152 (Gotteslob 620), S. 155 (Gotteslob 244), S. 164 (Gotteslob 830.1), S. 167 (Gotteslob 617), S. 170 (Gotteslob 144).

QUELLENVERZEICHNIS

Zum Autor

MSGR. ALOIS SCHRÖDER, geb. 1942 in Paderborn, nach dem Studium der Philosophie und Theologie in Paderborn, Würzburg und Münster 1969 zum Priester geweiht. Von 1996 bis 2008 Bundespräses des Kolpingwerks Deutschland. Autor zahlreicher Beiträge und Schriften zu Person und Werk Adolph Kolpings und zur christlichen Spiritualität.